한 권으로 끝내주는

기초 속성 중국어

박경진 지음

신아사

머리말

한국과 중국의 두 나라는 역사가 매우 유구하며, 두 나라는 수 천년의 긴 시간 동안 언어문화의 교류를 이어오고 있습니다. 1992년 한중 수교 이후, 양국 간의 각 분야의 관계는 비약적인 발전을 이룩하였고, 텔레비전, 인터넷 등의 매체가 발달함에 따라 한국과 중국의 교류협력에 더욱 새로운 추진력을 일으켰습니다. 이러한 시대적 조류에 힘입어 오늘날 한국에서는 중국어를 배우고자 하는 학습자들의 수요가 폭발적으로 증가하고 있으며, 동시에 효과적인 중국어 학습을 위한 다양한 교재와 컨텐츠들이 등장하고 있습니다.

『한 권으로 끝내주는 기초 속성 중국어』는 중국어학습 열풍에 기인하여 한국인 학습자들의 효율적인 중국어 학습을 위해 만들어진 교재로, 입문자도 쉽고 즐겁게 접할 수 있도록 과도하지 않은 학습량과 반복학습으로 가득 채웠습니다.

중국에는 "不经历风雨怎么见彩虹"이라는 격언이 있는데 '비바람을 겪지 않고서 어떻게 무지개를 볼 수 있겠는가'라는 뜻입니다. 지금 당장은 가장 크고 어두운 터널을 지나가는 것처럼 보일지라도, 초반에 포기하지 않고 묵묵히 나아간다면 비 온 뒤에 볼 수 있는 무지개처럼 여러분들만의 무지개를 찾을 수 있을 것입니다.

중국어에 첫걸음을 뗀 여러분들이 이 책을 계기로 진정한 '중국통'이 되길 희망하며, 이 책을 편찬하는데 아낌없이 지원해주신 도서출판 신아사의 정현걸 대표님과 한규갑 상무님 이하 신아사 관계자 여러분께 고개 숙여 깊은 감사의 인사를 전합니다.

2021년 12월 박경진

차 례

학습내용

과	주제	회화 포인트	어법 포인트
중국어의 특징 및 발음		성조, 성모, 운모	· 중국어의 특징 · 중국어 성조 · 중국어 발음 · 성조 변화
제 01과	你好！ 안녕하세요!	중국어로 인사하기	· 인칭대사 · 기본 인사 표현
제 02과	我是韩国人。 저는 한국인입니다.	중국어로 국적 및 직업 묻기	· 是자문 · 부정문 '不是' · 의문 어기조사 '吗' · 부사 '也'
제 03과	你叫什么名字？ 당신의 이름은 무엇입니까?	이름 묻고 답하기	· 이름 묻는 표현 · 의문사 '什么' · 의문사 '谁'
제 04과	这是什么？ 이것은 무엇입니까?	주변 사물에 대해 묻고 답하기	· 지시대사 '这 / 那' · 소유격 조사 '的'
제 05과	你家有几口人？ 가족이 몇 명이에요?	가족 구성원 묻고 소개하기	· 숫자 · 양사 · 有자문 · 나이 묻는 표현
제 06과	今天几月几号？ 오늘은 몇 월 며칠입니까?	날짜 표현 익히기	· 날짜 표현 · 요일 표현 · 명사술어문 · 어기조사 '吧'
제 07과	现在几点? 지금 몇 시예요?	시간 표현 익히기	· 시간 표현 · 快…了 · 연동문

제 08 과	手机在哪儿？ 핸드폰은 어디에 있어요?	방향을 나타내는 방위사 익히기	· 방위사 · 동사 '在' · 就……了 · 의문대사 '哪儿'
제 09 과	周末做什么？ 주말에 뭐해요?	일상생활 표현 익히기	· 개사 '在' · 조동사 '会(1)' · 접속사 '跟/和'
제 10 과	你想吃什么？ 무엇을 먹고 싶습니까?	식당에서 음식 주문하기	· 조동사 '想/要' · 好+동사 · 又…又… · 조동사 '能/可以' · 의문대사 '多少'
제 11 과	请告诉我电话号码。 전화번호 좀 알려주세요.	전화번호 읽기	· 겸어문 '请' · 감탄사 '喂' · 동작진행 '正在/在…呢' · 전화번호 읽기
제 12 과	今天天气怎么样？ 오늘 날씨는 어때요?	날씨 묻고 답하기	· 의문대사 '怎么样' · 정도부사 '太(太…了)' · 조동사 '会(2)'

이 책의 구성과 활용법

본 교재는 중국어 입문자들을 위한 책으로, HSK1급 어휘로 구성된 집중회화 교재입니다. 본 교재를 통해 중국어 말하기, 듣기, 읽기, 쓰기 등의 종합적인 의사소통 능력을 향상시킬 수 있습니다.

1. 중국어의 특징 및 발음 학습

중국어를 처음 공부하는 학습자들을 위해 중국어의 특징을 소개하고, 성조, 성모, 운모 등 중국어의 발음을 학습합니다.

2. 01과~12과

01과부터 12과까지 단어, 본문, 어법, 교환연습으로 구성되어 있습니다.

(1) 단어

본문에 나오는 단어를 정리했습니다. 본문 돌입 전, 단어를 미리 배워서 스스로 문장을 만들어 보는 연습시간을 가질 수 있습니다.

(2) 본문

실제 회화에서 자주 출현하는 문장을 기반으로 정리하였습니다. 맨 아래에 주석으로 보충설명을 기재해 두어 좀 더 쉽게 이해할 수 있습니다.

(3) 어법

본문에서 꼭 다뤄야할 주요 어법들을 이해하기 쉽도록 여러 예문들과 함께 정리했습니다.

(4) 교환연습

회화에 자주 나오는 주요 문장들을 선별하여 정리하였습니다. 새로운 단어를 교체하며 새로운 많은 문장들을 연습해볼 수 있습니다.

일러두기

1. 중국의 지명, 건물, 기관, 관광명소 등은 중국어 발음을 한국어로 표기했습니다.

예 : 北京 [Běijīng] 베이징　上海 [Shànghǎi] 상하이

2. 인명은 각 나라에서 실제 사용하고 있는 발음을 기준으로 해서 한국어로 표기 했습니다.

예 : 张伟 [Zhāngwěi] 장웨이　玛丽 [Mǎlì] 마리　金敏俊 [Jīnmǐnjùn] 김민준

3. 새로운 단어에서 *을 달아 표시한 단어는 이미 앞 본문에서 한번 출현한 중복된 단어입니다.

예 : *你 nǐ 대 너　*您 nín 대 당신

4. 중국어의 품사는 다음과 같이 약어로 표기했습니다.

품사명	약어	품사명	약어	품사명	약어
명사	명	양사	양	접속사	접
동사	동	수량사	수량	조사	조
형용사	형	조동사	조동	감탄사	감
대사	대	부사	부	의성사	의성
수사	수	개사	개	고유명사	고유

중국어의
특징 및 발음

- 중국어의 특징
- 중국어 성조
- 중국어 발음
- 중국어 성조 변화
- 중국어 병음 표기

중국어의 특징

1. 중국어란?

중국은 총 56개의 소수민족으로 이루어져 있습니다. 우리가 오늘날 중국어라고 부르고 있는 언어는 '한족(汉族Hànzú)'의 언어를 뜻하는 중국어로, '한어(汉语 Hànyǔ)' 또는 '중문(中文 Zhōngwén)'이라고도 불립니다. 그 중 우리들이 배울 중국어는 현대 중국어의 표준어인 '보통화(普通话 pǔtōnghuà)'입니다. 보통화는 베이징의 말소리를 표준발음으로 삼고, 북방 방언을 기초로 합니다.

2. 간체자란?

현재 한국과 중국이 사용하고 있는 한자의 형태는 다릅니다. 한국에서 사용하고 있는 한자는 획수가 많고 복잡한 '번체자(繁体字 fántǐzì])'이며, '번체자'의 획수를 간략하게 줄여서 편리하게 사용하는 한자를 오늘날 중국에서 사용하는 '간체자(简体字 jiǎntǐzì)'라고 합니다. 이처럼 중국 대륙에서는 '간체자'를 사용하고, 타이완(대만)이나 홍콩에서는 번체자를 사용합니다.

韓國 → 韩国

번체자 간체자

3. 중국어 발음표기법

중국어의 한자는 뜻글자로, 한자의 발음을 표기할 방법이 필요합니다. 그래서 마련된 것이 바로 '한어병음(汉语拼音 hànyǔpīnyīn)'입니다. '한어병음'이란 알파벳으로 한자의 발음을 표기하고, 모음 위에 성조를 덧붙이는 방식을 말합니다.

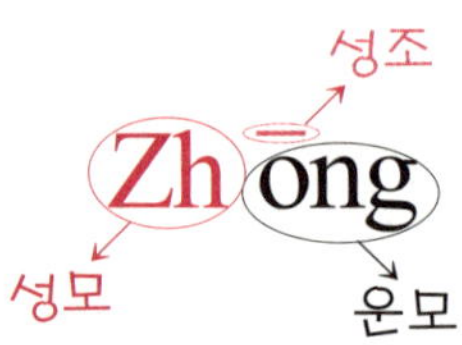

'한어병음'은 '성모, 운모, 성조'로 구성되며, '성모'는 음절의 시작 소리, '운모'는 음절에서 성모를 제외한 나머지 부분, '성조'는 소리의 높낮이를 가리킵니다.

4. 중국어 어법의 주요 특징

중국어가 가진 어법의 특징은 매우 많지만, 그 중에서 가장 크게 두가지로 꼽을 수 있는 것이 바로 '어순'과 '형태 변화'입니다. 아래의 문장을 통해 살펴 보겠습니다.

나는 그를 사랑한다.	그는 나를 사랑한다.
我爱他。	他爱我。
I love him.	He loves me.

· 어순

먼저 한국어의 어순을 살펴보면 '주어+목적어+동사' 순서인데, 중국어는 영어와 같이 '주어+동사+목적어' 순으로 구성되어 있습니다.

· 형태변화

(1) 중국어는 형태변화가 없다! 영어는 중국어와 달리 상황에 따라 단어가 변합니다. 예를 들어 단어가 주격→목적격일 때 I→me/ He→him으로, 동사 love가 주어의 변화에 따라 love→loves로 변합니다. 하지만 중국어는 명사나 동사 등이 변하지 않습니다.

(2) 중국어는 조사와 어미가 쉽다! 한국어는 '은/는, 이/가, 을/를' 과 같은 복잡 한 조사가 존재하지만, 중국에는 이런 조사들이 존재하지 않아 간단합니다. 또한 '-다(하다, 한다, 합니다)' 등의 어미도 발달하지 않아 쉽습니다.

중국어 성조

1. 성조

중국어에는 글자의 각 음절마다 음의 높낮이가 있는데, 이것을 '성조(声调 shēngdiào)'라고 합니다. 성조에는 1성, 2성, 3성, 4성의 네 가지 성조가 있어서 '사성'이라고 하며, 성조는 운모 위에 표기를 합니다. 같은 발음이라도 성조가 다르면 단어의 뜻이 달라지기 때문에 발음을 익힐 때는 성조를 정확히 외워야 합니다.

성조	표기법	발음 방법
1성	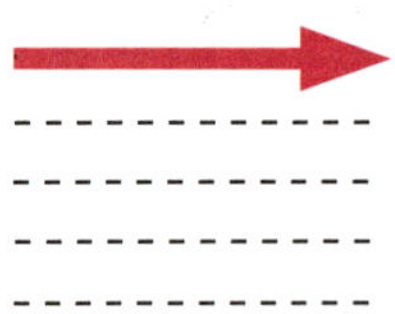	처음부터 끝까지 높은 음에서 일정하게 유지하며 발음합니다. 예: mā 妈 엄마
2성		중간 음높이에서 높은 음높이까지 소리를 빠르게 끌어올립니다. 예: má 麻 삼, 마
3성		낮은 음높이에서 더 낮은 음높이까지 내렸다가 끝을 살짝 올립니다. 예: mǎ 马 말
4성		가장 높은 음높이에서 가장 낮은 음높이로 빠르고 강하게 떨어뜨립니다. 예: mà 骂 꾸짖다

· 숫자로 성조 음높이를 학습해보세요.

yī	èr	sān	sì	wǔ	liù	qī	bā	jiǔ	shí
一	二	三	四	五	六	七	八	九	十
일	이	삼	사	오	육	칠	팔	구	십

2. 경성

사성 외에 다른 음 뒤에 붙어서 원래 소리보다 짧고 약하게 발음되는 것을 '경성(轻声 qīngshēng)'이라고 합니다. 경성은 성조 표기를 하지 않으며, 앞 음절의 성조에 따라 음높이가 달라집니다.

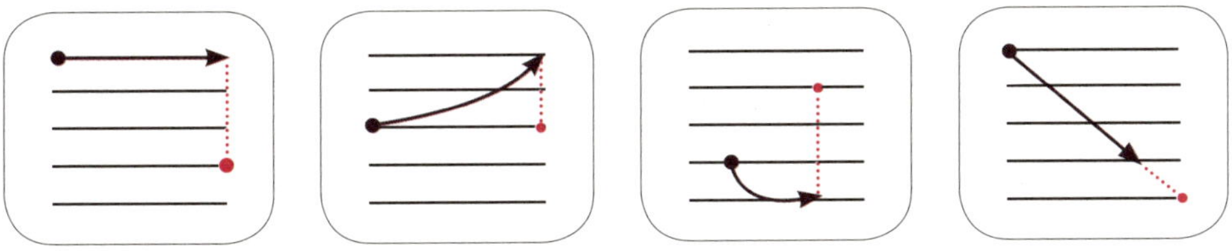

1성+경성
māma
妈妈 엄마

2성+경성
yéye
爷爷 할아버지

3성+경성
nǎinai
奶奶 할머니

4성+경성
bàba
爸爸 아빠

3. 반 3성

할머니라는 뜻의 중국어 nǎinai 奶奶를 잘 들어보면 맨 앞의 nǎi가 mǎ 马 '말'보다 내려갔다가 올라가지 않고 조금 덜 올라간다는 것을 느낄 수 있습니다. 그 이유는 nǎinai처럼 3성 음절 뒤에 3성을 제외한 다른 성조가 오면 3성을 온전히 발음하지 않고 끝부분을 덜 올립니다. 그래서 앞부분만 온전히 발음하고, 뒷부분은 반만 발음한다고 해서 이를 '반3성(半三声)'이라고 합니다.

3성 + 1성 / 2성 / 4성 / 경성 → 반3성 + 1성 / 2성 / 4성 / 경성

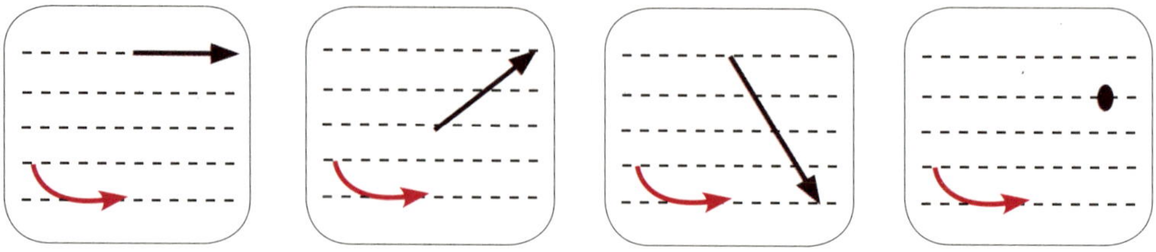

Běijīng	Měiguó	kělè	jiějie
北京 베이징	美国 미국	可乐 콜라	姐姐누나/언니

4. 성조 표기 규칙

(1) 성조는 단운모(모음)위에 표기합니다. 단운모가 여러 개 있을 경우에는 입이 가장 크게 벌어지는 단모음 위에 표시합니다. 성조 표기는 다음과 같은 순서로 표기합니다.

a > o, e > i, u, ü

예: gāo 高　tóu 头　hǎo 好　běi 北

(2) ui나 iu의 경우에는 맨 뒤에 위치한 단운모에 성조 표기를 합니다.

예: xiū 休　niú 牛　jiǔ 九　duì 对

(3) i 위에 성조 표기를 해야 할 때는 점을 없애고, 그 자리에 성조를 표기합니다.

예: yī 一　míng 名　bǐ 笔　sì 四

중국어 발음

성모와 운모

중국어는 알파벳을 사용하여 발음을 표기합니다. 하지만 같은 알파벳이라고 해도 영어와 발음이 다른 알파벳이 많기 때문에 잘 외워야 합니다. 중국의 성모는 모두 21개로, 음절의 맨 앞부분에 위치하고, 운모는 음절에서 성모를 제외한 나머지 부분으로, 모두 36개입니다.

1. 성모

중국어의 성모는 한국어의 자음에 해당합니다. 중국의 성모는 모두 21개로, 음절의 맨 앞부분에 위치합니다.

b	p	m	f
d	t	n	l
g	k	h	
J	q	x	
z	c	s	
zh	ch	sh	r

(1) 쌍순음(双唇音): 윗입술과 아랫입술 소리

b/p/m 뒤에 알파벳 'o'를 붙여서 읽습니다.

b p m	
b [bo]	두 입술이 맞닿아 나는 소리로, 우리말 'ㅂ'이나 'ㅃ'으로 발음합니다. 예 : bǐ 笔 펜　bàba 爸爸 아빠
p [po]	두 입술이 맞닿아 나는 소리로, 우리말 'ㅍ'처럼 발음합니다. 예 : pà 怕 두렵다　pópo 婆婆 할머니
m [mo]	두 입술이 맞닿아 나는 소리로, 우리말 'ㅁ'처럼 발음합니다. 예 : mǎ 马 말　māma 妈妈 엄마

(2) 순치음(唇齿音): 윗니와 아랫입술 소리

f 뒤에 알파벳 'o'를 붙여서 읽습니다.

f	
f [fo]	아랫입술을 윗니에 가볍게 대고, 영어 'f'처럼 발음합니다. 예 : fā 发 보내다　fàn 饭 밥

(3) 설첨음 (舌尖音): 혀 끝과 윗잇몸 소리

d/t/n/l 뒤에 알파벳 'e'를 붙여서 읽습니다.

d t n l	
d [de]	혀 끝을 윗잇몸에 대고, 우리말 'ㄷ'이나 'ㄸ'으로 발음합니다. 예 : dú 读 읽다　dà 大 크다
t [te]	혀 끝을 윗잇몸에 대고, 우리말 'ㅌ'처럼 발음합니다. 예 : tā 他 그(남자)　tài 太 너무
n [ne]	혀 끝을 윗잇몸에 대고, 우리말 'ㄴ'처럼 발음합니다. 예 : nǐ 你 너, 당신　nà·ge 那个 그것, 저것
l [le]	혀 끝을 윗잇몸에 대고, 우리말 'ㄹ'처럼 발음합니다. 예 : lái 来 오다　là 辣 맵다

(4) 설근음 (舌根音): 혀뿌리와 입천장 소리

g/k/h 뒤에 알파벳 'e'를 붙여서 읽습니다.

g k h	
g [ge]	혀뿌리를 입천장에 가까이 대고, 우리말 'ㄱ'이나 'ㄲ'으로 발음합니다. 예 : guójiā 国家 국가　gē·ge 哥哥 형, 오빠
k [ke]	혀뿌리를 입천장에 가까이 대고, 우리말 'ㅋ'처럼 발음합니다. 예 : kělè 可乐 콜라　kàn 看 보다

h [he]	혀뿌리를 입천장에 가까이 대고, 우리말 'h'처럼 발음합니다. 예 : hē 喝 마시다 Hánguó 韩国 한국

(5) 설면음 (舌面音): 혓바닥과 입천장 소리

j/q/x 뒤에 알파벳 'i'를 붙여서, '이' 발음으로 읽습니다.

j q x	
j [ji]	혓바닥을 평평하게 펴서 입천장의 전면에 맞닿아 소리를 냅니다. 운모 'i'를 붙여 연습하고, 'ㅈ'이나 'ㅉ'으로 발음합니다. 예 : jǐ 几 몇 jiàn 见 보다 * jú·zi 橘子 귤[1]
q [qi]	혓바닥을 평평하게 펴서 입천장의 전면에 맞닿아 소리를 냅니다. 운모 'i'를 붙여 연습하고, 'ㅊ'처럼 발음합니다. 예 : qī 七 칠(숫자) qǐ·lái 起来 일어나다 * qù 去 가다
X [xi]	혓바닥을 평평하게 펴서 입천장의 전면에 맞닿아 소리를 냅니다. 운모 'i'를 붙여 연습하고, 'ㅅ'이나 'ㅆ'으로 발음합니다. 예 : xī 西 서쪽 xǐ 洗 씻다 * xūyào 需要 필요하다

j/q/x는 u와 결합하지 않고, ü하고만 결합합니다. 다만 표기는 jü는 → ju로, qü는 → qu로, xü는 → xu로 표기하되, 발음은 ju'쥐', qu'취', xu'쉬'로 발음합니다.

(6) 설치음(舌齿音): 혀 끝과 치아 소리

z/c/s 뒤에 알파벳 'i'를 붙여서, '으' 발음으로 읽습니다.

z c s	
z [zi]	혀끝을 윗니 뒤쪽에 가볍게 댔다 떼면서 우리말 'ㅈ'이나 'ㅉ'처럼 발음합니다. 예 : zì 字 글자 fùzá 复杂 복잡하다
c [ci]	혀끝을 윗니 뒤쪽에 가볍게 댔다 떼면서 우리말 'ㅊ'처럼 발음합니다. 예 : cā 擦 닦다 cí 词 단어
s [si]	혀끝을 윗니 뒤쪽에 가볍게 댔다 떼면서 우리말 'ㅆ'처럼 발음합니다. 예 : sān 三 삼(숫자) sì 四 사(숫자)

(7) 권설음 (卷舌音): 혀를 마는 소리

zh/ch/sh/r 뒤에 알파벳 'i'를 붙여서, '으' 발음으로 읽습니다.

zh ch sh r	
zh [zhi]	혀를 최대한 뒤로 말아서, 혀끝을 입천장 뒤쪽의 딱딱한 부분에 대고 우리말 'ㅈ' 이나 'ㅉ'처럼 발음합니다. 예 : zhè 这 이것 　zázhì 杂志 잡지
ch [chi]	혀를 최대한 뒤로 말아서, 혀끝을 입천장 뒤쪽의 딱딱한 부분에 대고 우리말 'ㅊ' 처럼 발음합니다. 예 : chá 茶 차(음료) 　chē 车 차(교통수단) 　chī 吃 먹다
sh [shi]	혀를 최대한 뒤로 말아서, 혀끝을 입천장 뒤쪽의 딱딱한 부분에 대고 우리말 'ㅅ' 이나 'ㅆ'처럼 발음합니다. 예 : shū 书 책 　shì 是 ~이다
r [ri]	혀를 최대한 뒤로 말아서, 혀끝을 입천장 뒤쪽의 딱딱한 부분에 대고 우리말 'ㄹ' 처럼 발음합니다. 예 : rén 人 사람 　Rìběn 日本 일본

2. 운모

중국어의 운모는 한국어의 모음에 해당합니다. 중국의 운모는 음절에서 성모를 제외한 나머지 부분으로, 모두 36개입니다.

a	o	e	i	u	ü
ai	ei	ao	ou		
ia	ie	ua	uo	üe	
iao	iou(iu)	uai	uei(ui)		
on	en	ang	eng	ong	
in	ian	iang	ing	iong	
uan	uen(un)	uang	ueng		
ün	üan				
er					

(1) 단운모

a	입을 크게 벌리고, '아' 라고 길게 발음합니다. 예 : ā 阿 문장 끝에 쓰여 어기를 도움
o	입을 둥글게 만들어 '오어' 라고 발음합니다. 예 : ó 哦 놀람, 깨달음을 나타냄
e	입을 약간만 벌리며, '으어' 라고 발음합니다. 예 : è 饿 배고프다
i	입을 양 옆으로 길게 찢으며, '이' 라고 길게 발음합니다. 예 : yī 一 일, 하나
u	입을 작고 둥글게 내밀어 '우' 라고 길게 발음합니다. 예 : wǔ 五 오, 다섯
ü	입을 작고 둥글게 내밀어 '위' 라고 발음합니다. 예 : yǔ 雨 비

발음연습

다음은 성모와 단운모의 결합된 발음 표입니다. 연습해보세요.

성모 운모	b	p	m	f	d	t	n	l	g	k	h
a	ba	pa	ma	fa	da	ta	na	la	ga	ka	ha
o	bo	po	mo	fo				lo			
e			me		de	te	ne	le	ge	ke	he
i	bi	pi	mi		di	ti	ni	li			
u	bu	pu	mu	fu	du	tu	nu	lu	gu	ku	hu
ü							nü	lü			

성모 / 운모	j	q	x	z	c	s	zh	ch	sh	r
a				za	ca	sa	zha	cha	sha	
o										
e				ze	ce	se	zhe	che	she	re
i	ji	qi	xi	zi	ci	si	zhi	chi	shi	ri
u				zu	cu	su	zhu	chu	shu	ru
ü	ju [jü]	qu [qü]	xu [xü]							

(2) 복운모

a/e/o는 '아/어/오' 이외에도 다른 음으로 읽힐 수 있습니다.

ai	'아이' 라고 발음합니다. 예 : lái 来 가다 ài 爱 사랑하다
ao	'아오' 라고 발음합니다. 예 : gāo 高 높다 hǎo 好 좋다
an	입을 크게 벌리고, '안' 이라고 발음합니다. 예 : sān 三 삼, 셋 Hánguó 韩国 한국
ang	입을 크게 벌리고, '앙' 이라고 발음합니다. 예 : bāng 帮 돕다 máng 忙 바쁘다
ei	'에이' 라고 발음합니다. 예 : Běijīng 北京 북경 mèi·mei 妹妹 여동생
en	'으'는 거의 들리지 않게 '으언' 이라고 발음합니다. 예 : hěn 很 매우 gēn 跟 ~랑(친구랑, 부모님이랑)
eng	'으'는 거의 들리지 않게 '으엉' 이라고 발음합니다. 예 : néng 能 가능하다 xué·sheng 学生 학생

i로 시작하는 복운모는 앞에 성모가 없을 때 i를 y로 바꿔서 'ya'로 표기합니다.

ia	'이야' 라고 발음합니다. (앞에 성모가 없을 때 표기법: ia → ya) 예 : yā·zi 鸭子 오리 jiā 家 집
ie	'이에' 라고 발음합니다. (ie → ye) 예 : yé·ye 爷爷 할아버지 jiě·jie 姐姐 언니/누나
iao	'이야오' 라고 발음합니다. (iao → yao) 예 : yào 要 ~을 원하다 piào·liang 漂亮 예쁘다
iou (iu)	'이요우'와 '이여우'의 중간 발음으로 발음합니다. (iou → you) * iou 앞에 성모가 있을 때는 가운데 o를 빼고 iu만 표기합니다. 이 경우 '이우'라고 발음합니다. 예 : yǒu 有 있다 jiǔ 九 구, 아홉
ian	'이엔' 이라고 발음합니다. (ian → yan) 예 : yánsè 颜色 색깔 qián 前 전(↔후)
iang	'이양' 이라고 발음합니다. (iang → yang) 예 : yáng 羊 양 xiǎng 想 ~을 하고싶다
in	'인' 이라고 발음합니다. (in → yin) 예 : yīnyuè 音乐 음악 xīn 新 새로운
ing	'잉' 이라고 발음합니다. (ing → ying) 예 : yīngyǔ 英语 영어 míng·zi 名字 이름
iong	'이옹'과 '이융'의 중간 발음으로 발음합니다. (iong → yong) 예 : yòng 用 사용하다 xiōng·dì 兄弟 형제
ou	'오우'와 '어우'의 중간 발음으로 발음합니다. 예 : dōu 都 모두 zǒu 走 가다
ong	'옹'과 '웅'의 중간 발음으로 발음합니다. 예 : Zhōngguó 中国 중국 gōngzuò 工作 일하다

u로 시작하는 복운모는 앞에 성모가 없을 때 u를 w로 바꿔서 'wa'로 표기합니다.

ua	'우와' 라고 발음합니다. (앞에 성모가 없을 때 표기법: ua → wa) 예 : wá·wa 娃娃 인형 huā 花 꽃
uo	'우워' 또는 '우어' 라고 발음합니다. (uo → wo) 예 : wǒ 我 나는, 저는 duō 多 많다
uai	'우와이' 라고 발음합니다. (uai → wai) 예 : wàiguó 外国 외국 kuài 快 빠르다
uan	'우완' 이라고 발음합니다. (uan → wan) 예 : wǎn·shang 晚上 저녁 huānyíng 欢迎 환영
uang	'우왕' 이라고 발음합니다. (uang → wang) 예 : wáng 王 왕 huángsè 黄色 노랑색
uei (ui)	'우웨이' 라고 발음합니다. (uei → wei) * uei 앞에 성모가 있을 때는 가운데 e를 빼고 ui만 표기합니다. 이 경우 '우이'라고 발음합니다. 예 : wèi 喂 여보세요[전화 걸 때 쓰는 말] guì 贵 비싸다
uen (un)	'우원' 이라고 발음합니다. (uen → wen) * uen 앞에 성모가 있을 때는 가운데 e를 빼고 un만 표기합니다. 이 경우 '운'라고 발음합니다. 예 : wénzì 文字 문자 chūntiān 春天 봄
ueng	'우웡' 이라고 발음합니다. (ueng → weng) 예 : wēng 翁 노인

ü 로 시작하는 복운모는 앞에 성모가 없을 때 ü 를 yu로 바꿔서 표기합니다. 앞에 성모 j/q/x가 올 경우, ü를 u로 바꿔 표기합니다.

üe	'위에' 라고 발음합니다. (앞에 성모가 없을 때 표기법: üe → yue) 예 : yuè 月 월 xuéxí 学习 공부하다
üan	'위엔' 이라고 발음합니다. (üan → yuan) 예 : yuǎn 远 멀다 xuǎnzé 选择 선택
ün	'윈' 이라고 발음합니다. (ün → yun) 예 : yún 云 구름 jūnduì 军队 군대

er은 혀를 말고 발음한다고 해서 '권설운모' 라고 합니다.

er	'어'는 거의 들리지 않게 '어얼'이라고 발음합니다. 예 : èr 二 이, 둘 Shǒu'ěr 首尔 서울

성조 변화

1. 3성의 성조 변화

3성 뒤에 또 3성이 나올 때는 앞의 3성을 2성으로 바꿔 발음합니다. 여기에서 주의해야 할 부분은 발음이 변한다고 해서 성조 표기까지 2성으로 바뀌는 것은 아닙니다.

제3성 + 제3성 → 제2성 + 제3성

∨∨ /∨
nǐ hǎo → 你好 안녕하세요

∨∨ /∨
hěnhǎo → 很好 아주 좋다

2. '一'의 성조 변화

(1) '一' yī 는 원래 제1성입니다, 따라서 단독으로 사용하거나 서수(序数)로 쓰이는 경우 본래 성조인 제1성으로 발음합니다.

예 yī, èr, sān...... 一, 二, 三...... 1, 2, 3 ······

yī yuè yī hào 一月一号 1월 1일

dì yī kè 第一课 제1과

(2) '一' yī 뒤에 성조가 제1성, 제2성, 제3성이 오는 경우, '一' yī는 성조 제4성으로 변합니다.

예 yī tiān (X) → yì tiān 一天 하루

yī nián (X) → yì nián 一年 일 년

yī qǐ (X) → yì qǐ 一起 함께

(3) '一' yī 뒤에 성조가 제4성이나 경성인 경우, '一' yī는 성조 제2성으로 변합니다.

예 yī cì (X) → yí cì 一次 한 번, 한 차례

yī ge (X) → yí ge 一个 하나, 한 개

3. '不'의 성조 변화

(1) 不 + 제1, 2, 3성 → 성조변화 없음

예 bù tīng 不听 듣지않다 bù lái 不来 오지않다 bù mǎi 不买 사지않다

bù chī 不吃 먹지않다 bù hǎo 不好 좋지않다

(2) 不 + 제4성 → 제2성으로 변화

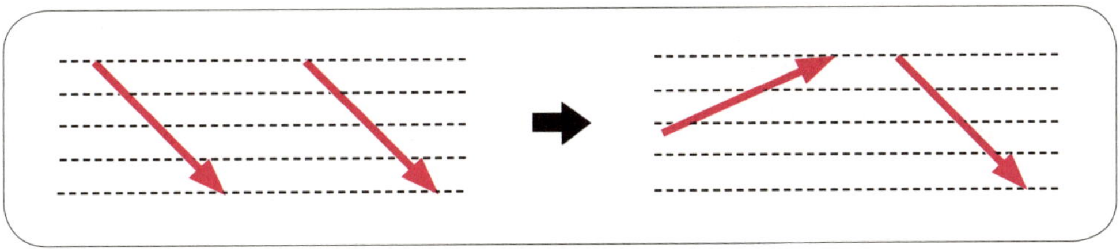

예 bù cuò (X) → bú cuò 不错 괜찮다

중국어 병음 표기

1. 운모 표기

(1) ü나 ü로 시작하는 운모가 성모 j, q, x와 결합하면 ü 위의 두 점은 생략합니다.

예 j + ü → ju　　q + üe → que　　x + üan → xuan

(2) 운모 iou, uei, uen이 성모와 결합하면 가운데 모음은 생략합니다.

예 d + iou → diu　　r + uei → rui　　k + uen → kun

2. 대문자 표기

문장의 첫 글자와 인명, 지명 등의 고유명사의 첫 글자는 대문자로 표기합니다.

예 Nǐhǎo! 안녕하세요!　　Wánglì 왕리　　Shànghǎi 상하이

3. 격음 부호 표기

다른 음절 바로 뒤에 a, o, e로 시작하는 음절이 이어질 경우, 음절 간의 경계를 명확하게 구분하기 위해서 격음 부호(')를 사용합니다.

xiān — Xī'ān	jiē — jī'è	fǎngǎn — fāng'àn
先　西安	接　饥饿	反感　方案
먼저　시안[중국지명]	받다　굶주리다	반감　방안

제 1 과

Nǐ hǎo!

你好！

안녕하세요!

학습목표

- 인칭대사
- 기본 인사 표현

단어

你	nǐ	대 너
您	nín	대 당신 [你의 존칭]
好	hǎo	형 좋다
吗	ma	조 의문을 나타내는 조사
呢	ne	조 의문을 나타내는 조사
我	wǒ	대 나
也	yě	부 ~도
很	hěn	부 매우, 아주
拜拜	báibái	동 안녕하다, 작별하다 [영어 'bye-bye'의 음역]
再	zài	부 다시
见	jiàn	동 보다, 만나다

회화

회화 1 친구들과 인사를 합니다.

Nǐ hǎo!
A: 你好!

Nǐ hǎo!
B: 你好!

회화 2 학교에서 선생님을 만났습니다.

Nín hǎo!
A: 您好!

Nǐ hǎo!
B: 你好!

회화 3 오랜만에 만난 친구와 안부인사를 묻습니다.

Nǐ hǎo ma?
A: 你好吗？

Wǒ hěn hǎo. Nǐ ne?
B: 我很好。你呢？

Wǒ yě hěn hǎo.
A: 我也很好。

회화 4 친구와 헤어지는 인사를 합니다.

Bái bái.
A: 拜拜。

Zài jiàn.
B: 再见。

어법

1. 인칭대사

	단수	복수
1인칭	我 wǒ 나	我们 wǒmen 우리
2인칭	你 nǐ 너	你们 nǐmen 너희들
	您 nín 당신	
3인칭	他 tā 그	他们 tāmen 그들
	她 tā 그녀	她们 tāmen 그녀들
	它 tā 그것	它们 tāmen 그것들

* '们'은 우리말로 '들'이라는 뜻으로, 사람을 가리키는 명사 뒤에 복수로서 사용되고 있습니다. 사물이나 동물 뒤에는 '们'을 사용하지 않습니다.

예 朋友们 péngyǒumen 친구들(O)
书们 shūmen 책들(X), 猫们 māomen 고양이들(X)

교환연습

1. A 好！ A 안녕하세요!

Nǐ 你

Nín 您

Nǐmen 你们

Dàjiā 大家

Lǎoshī 老师

2. A 见！ A (에) 만나요!

Zài 再

Yíhuìr 一会儿

Xiàcì 下次

Xiàzhōu 下周

Míngtiān 明天

제 2 과

wǒ shì Hánguó rén.
我是韩国人。

저는 한국인입니다.

학습목표

- 是자문
- 부정문 '不是'
- 의문 어기조사 '吗'
- 부사 '也'

단어

是	shì	동 ~이다 감 네, 맞습니다
哦	ó	감 오!
不	bù	부 ~하지 않다 [동사와 형용사 앞에 쓰여 부정을 나타냄]
不是	bú shì	~아니다 ['不bù'뒤에 제4성이 올 경우, 제2성으로 표기]
国	guó	명 나라
人	rén	명 사람
韩国人	Hánguó rén	명 한국인
中国人	Zhōngguó rén	명 중국인
美国人	Měiguó rén	명 미국인
哪	nǎ	대 어느
哪国人	nǎ guó rén	어느 나라 사람
谁	shéi	대 누구
朋友	péngyou	명 친구
学生	xuéshēng	명 학생
老师	lǎoshī	명 선생님

회화

회화 1 처음 만나 서로의 국적을 묻습니다.

Nǐ shì Hánguó rén ma?
A: 你是韩国人吗？

Shì, wǒ shì Hánguó rén. Nǐ yě shì Hánguó rén ma?
B: 是，我是韩国人。你也是韩国人吗？

Shì, wǒ yě shì Hánguó rén.
A: 是，我也是韩国人。

회화 2 친구와 장웨이와 리우팅의 국적을 이야기합니다.

Tā shì nǎ guó rén?
A: 他是哪国人？

Tā shì Zhōngguó rén. Tā ne?
B: 他是中国人。她呢?

Ó! Tā yě shì Zhōngguó rén.
A: 哦！她也是中国人。

회화 3 마리에게 국적을 묻습니다.

Mǎlì, nǐ shì Zhōngguó rén ma?

A: 玛丽，你是中国人吗？

Wǒ bú shì Zhōngguó rén, wǒ shì Měiguó rén.

B: 我不是中国人，我是美国人。

회화 4 친구에게 마리의 직업을 묻습니다.

Tā shì shéi? Tā shì lǎoshi ma?

A: 她是谁？她是老师吗？

Tā shì wǒ péngyou.

B: 她是我朋友。

Tā bú shì lǎoshī, tā shì xuéshēng.

她不是老师，她是学生。

어법

1. 是자문

'是'는 '~이다'라는 뜻으로, 'A是B (A는 B이다)' 형식으로 이루어져 있습니다.

· 긍정형[A是B]

Wǒ shì Hánguó rén.
我是韩国人。저는 한국인입니다.

Tā shì Zhōngguó rén.
他是中国人。그는 중국인입니다.

Tā shì lǎoshī.
她是老师。그녀는 선생님입니다.

2. 부정문 '不是'

부정문 '不是'는 '~이 아니다'라는 뜻으로, 'A不是B(A는B가 아니다)' 형식으로 이루어져 있습니다.

· 부정형[A不是B]

Wǒ bú shì Hánguó rén.
我不是韩国人。저는 한국인이 아닙니다.

Tā bú shì Zhōngguó rén.
他不是中国人。그는 중국인이 아닙니다.

Tā bú shì lǎoshī.
她不是老师。그녀는 선생님이 아닙니다.

3. 의문 어기조사 '吗'

의문 어기조사(어기조사란 문장 끝에 붙여서 화자의 마음이나 기분을 나타내는 말로, '啊 /呢 /的 /吗 /吧 /了' 등이 있다)란 문장 끝에 붙는 의문문을 뜻합니다. 보통 'A是B吗' 나 'A不是B吗'의 형식으로 사용할 수 있습니다.

(1) 긍정문

Nǐ shì Hánguó rén ma?
你是韩国人吗? 당신은 한국인입니까?

Nǐ shì xuéshēng ma?
你是学生吗? 당신은 학생입니까?

(2) 부정문

Nǐ bú shì Hánguó rén ma?
你不是韩国人吗? 당신은 한국인이 아닙니까?

Nǐ bú shì xuéshēng ma?
你不是学生吗? 당신은 학생이 아닙니까?

4. 부사 '也'

也는 '~도', '또한'을 뜻하는 부사입니다. 부사는 동사나 형용사 앞에 옵니다.

Wǒ yě shì Hánguó rén.
① 我也是韩国人。 저도 한국인입니다.

Nǐ qù, wǒ yě qù.
② 你去，我也去。 당신이 가면 저도 갈게요.

Wǒ yě hěn hǎo.
③ 我也很好。 저도 잘 지냅니다.

교환연습

1. A 是 B 。 A는 B입니다.

Wǒ 我	Hánguó rén 韩国人
Tā 他	Zhōngguó rén 中国人
Tā 她	xuéshēng 学生
Lǎoshī 老师	Měiguó rén 美国人

2. A 是 B 吗？ A는 B입니까?

Nǐ 你	Hánguó rén 韩国人
Tā 他	Rìběn rén 日本人
Tā 她	dàxuéshēng 大学生
Mǎlì 玛丽	Měiguó rén 美国人

3. 我不是 A ，我是 B 。 저는 A가 아니라 B입니다.

Zhōngguó rén 中国人	Hánguó rén 韩国人
Měiguó rén 美国人	Rìběn rén 日本人
Lǎoshī 老师	liúxuéshēng 留学生
Mǎlì 玛丽	Ānnà 安娜

제 3 과

nǐ jiào shénme míngzi?

你叫什么名字?

당신의 이름은 무엇입니까?

학습목표

- 이름 묻는 표현
- 의문사 '什么'
- 의문사 '谁'

단어

*你	nǐ	대 너
叫	jiào	동 ~라고 부르다
什么	shénme	대 무엇, 무슨
名字	míngzi	명 이름
*谁	shéi	대 누구
*我	wǒ	대 나
认识	rènshi	동 (사람을) 알다
*很	hěn	부 매우, 아주
高兴	gāoxìng	형 기쁘다
*也	yě	부 ~도
*您	nín	대 당신 [你의 존칭]
贵	guì	형 귀하다
姓	xìng	동 성이~이다, ~을 성으로 하다

회화

회화 1 장웨이와 왕리가 처음 만나 서로의 이름을 묻습니다.

Nǐ jiào shénme míngzi?
A: 你叫什么名字?

Wǒ jiào wánglì. Nǐ jiào shénme míngzi?
B: 我叫王丽。你叫什么名字?

Wǒ jiào Zhāngwěi.
A: 我叫张伟。

회화 2 왕리가 장웨이와 함께 있는 민준이 누군지 묻습니다.

Zhāngwěi, tā shì shéi?
A: 张伟, 他是谁?

Tā shì wǒ péngyou, tā jiào Mǐnjùn.
B: 他是我朋友, 他叫敏俊。

회화 3 민준과 왕리가 반갑다고 인사를 나눕니다.

Nǐ hǎo, wǒ jiào Mǐnjùn.
A: 你好，我叫敏俊。

Nǐ hǎo, wǒ jiào wánglì.
B: 你好，我叫王丽。

Rènshi nǐ hěn gāoxìng.
A: 认识你很高兴。

Wǒ yě rènshi nǐ hěn gāoxìng.
B: 我也认识你很高兴。

회화 4 장웨이가 리우선생님의 성함을 묻습니다.

Lǎoshī, nín guì xìng?
A: 老师，您贵姓？

Wǒ xìng Liú, jiào Liútíngtíng.
B: 我姓刘，叫刘婷婷。

어법

1. 이름 묻는 표현

상대방의 이름을 물어보는 표현에는 두 가지가 있습니다.

(1) 나이가 같은 또래인 사람이나 나보다 나이가 어린 사람일 경우 "你叫什么名字"라고 말합니다. '你叫什么名字'에서 '名字'는 생략도 가능합니다.

Nǐ jiào shénme míngzi?
A: 你叫什么名字？ 이름이 뭐예요?

Wǒ jiào Zhāngwěi.
B: 我叫张伟。 저는 장웨이라고 합니다.

・대답할 때 성과 이름을 따로 말하기도 합니다.

Nǐ jiào shénme míngzi?
A: 你叫什么名字？ 이름이 뭐예요?

Wǒ xìng Zhāng, jiào Zhāngwěi.
B: 我姓张，叫张伟。 저의 성은 장 씨이고, 장웨이라고 합니다.

(2) 윗사람이거나 처음 만난 사람일 경우 "您贵姓"이라고 말합니다. '您'은 '你'의 존칭으로 '你叫什么名字'보다 정중하고 예의 바른 표현의 문장입니다.

Nín guì xìng?
A: 您贵姓？ 성함이 어떻게 되세요?

Wǒ xìng Zhāng, jiào Zhāngwěi.
B: 我姓张，叫张伟。 저의 성은 장 씨이고, 장웨이라고 합니다.

2. 의문사 '什么'

의문대사 '什么'는 '무엇, 무슨' 이라는 뜻으로 사용합니다.

Nǐ jiào shénme míngzi?
① 你叫什么名字？ 당신은 무슨 이름으로 불러요? (=이름이 뭐예요?)

Zhè shì shénme?
② 这是什么？ 이것은 무엇입니까?

Zhè shì shénme shū?
③ 这是什么书？ 이것은 무슨 책입니까?

3. 의문사 '谁'

의문대사 '谁'는 '누구' 라는 뜻으로, 의문문에서 특정 인물을 가리키며 누구인지 물어볼 때 사용합니다.

주어	동사	목적어
Tā 他 그는	shì 是 ~입니까?	shéi 谁 누구
Tā 她 그녀는	shì 是 ~입니까?	shéi 谁 누구
Shéi 谁 누가	shì 是 ~입니까?	Zhāngwěi 张伟 장웨이

교환연습

1. A 叫什么名字? A는 이름이 뭐예요?

Nǐ 你
Tā 他
Tā 她
Nǐ péngyou 你朋友

2. A 叫 B 。 A는 B입니다.

A	B
Wǒ 我	Jīnmǐnjùn 金敏俊
Tā 他	Zhāngwěi 张伟
Tā 她	Wánglì 王丽
Lǎoshī 老师	Liútíngtíng 刘婷婷

3. A 是谁? A는 누구예요?

Nǐ
你

Tā
他

Tā
她

Lǎoshī
老师

Nǐ péngyou
你朋友

제 4 과

zhè shì shénme?

这是什么?

이것은 무엇입니까?

학습목표

- 지시대사 '这 / 那'
- 소유격 조사 '的'

단어

这	zhè	대 이, 이것
那	nà	대 저, 저것, 그, 그것
的	de	조 ~의, ~것
书	shū	명 책
雨伞	yǔsǎn	명 우산
书包	shūbāo	명 가방
好看	hǎokàn	형 보기 좋다, (책, 영화 등이) 재미있다
手机	shǒujī	명 핸드폰
电脑	diànnǎo	명 컴퓨터
个	gè	양 명, 개 [사람이나 사물을 세는 양사로, 명사 또는 대명사와 결합하면 경성으로 읽음]
这个	zhè ge	대 이것
那个	nà ge	대 저것, 그것
哥哥	gēge	명 형, 오빠

회화

회화 1 민준이가 장웨이에게 물건을 가리키며 묻고 있습니다.

Zhè shì shénme?
A: 这是什么?

Zhè shì wǒ de shū.
B: 这是我的书。

Nà shì shénme?
A: 那是什么?

Nà shì wǒ de yǔsǎn.
B: 那是我的雨伞。

회화 2 왕리가 멀리서 다가오며 가방에 대해 묻고 있습니다

Nà shì shénme?
A: 那是什么?

Zhè shì wǒ de shūbāo.
B: 这是我的书包。

Hěn hǎo kàn.
A: 很好看。

회화 3 장웨이가 민준에게 누구의 물건인지 묻고 있습니다.

Zhè shì shéi de shǒujī?
A: 这是谁的手机？

Shì wǒ de shǒujī.
B: 是我的手机。

Zhè ge diànnǎo yě shì nǐ de ma?
A: 这个电脑也是你的吗？

Bú shì wǒ de. Nà ge shì wǒ gēge de.
B: 不是我的。那个是我哥哥的。

어법

1. 지시대사 '这/那'

지시대명사란 사물이나 장소 등을 가리키는 대명사를 말합니다. 가까이 있는 것을 가리킬 때는 '这'를, 멀리 있는 것을 가리킬 때는 '那'를 사용합니다.

	가까운 것을 가리킬 때	먼 것을 가리킬 때
사람, 사물	这 zhè 이 这个 zhè ge 이것 这些 zhè xiē 이것들	那 nà 저, 그 那个 nà ge 저것, 그것 那些 nà xiē 저것들, 그것들
장소	这儿 zhèr 여기, 이곳 这里 zhèli 여기, 이곳	那儿 nàr 저기, 저곳, 거기, 그곳 那里 nàli 저기, 저곳, 거기, 그곳
성질, 방법, 정도	这么 zhème 이렇게 这样 zhèyàng 이렇게	那么 nàme 그렇게, 저렇게 那样 nàyàng 그렇게, 저렇게

* 这个 zhè ge, 那个 nà ge는 구어체로 "zhèi ge, nèi ge"라고 많이 읽는다.

这 zhè

那 nà

那 nà

2. 소유격 조사 '的'

조사 '的'는 '~의, ~것' 이라는 뜻으로, 명사나 대명사 뒤에 붙여 소유·소속·한정(限定)의 관계를 나타냅니다.

(1) 조사 '的' 용법

wǒ de shū 我的书 나의 책	tā de shū 他的书 그의 책	shéi de shū 谁的书 누구의 책

Zhè shì wǒ de shū.
① 这是我的书。 이것은 저의 책입니다.

Zhè shì tā de shū.
② 这是他的书。 이것은 그의 책입니다.

Zhè shì shéi de shū?
③ 这是谁的书? 이것은 누구의 책입니까?

* '这是谁的书'에서 명사 '书'는 생략이 가능합니다. 이 경우 '的'는 '~것'이라는 뜻으로, '이것은 누구의 것입니까?'로 해석할 수 있습니다.

(2) 조사 '的' 생략

가족이나 친척, 친구, 소속단체를 나타낼 때는 '的'를 생략할 수 있습니다.

我国 wǒ guó 우리나라	我家 wǒ jiā 우리 집
我爸爸 wǒ bàba 우리 아빠	我妈妈 wǒ māma 우리 엄마
我弟弟 wǒ dìdi 내 남동생	我朋友 wǒ péngyou 내 친구
我们学校 wǒmen xuéxiào 우리 학교	我们公司 wǒmen gōngsī 우리 회사

Tā shì wǒ bàba.
① 他是我爸爸。그는 우리 아빠입니다.

Wǒ péngyou shì Zhōngguó rén.
② 我朋友是中国人。제 친구는 중국인입니다.

Zhè shì wǒ dìdi de shū.
③ 这是我弟弟的书。이것은 내 남동생의 책이야.

교환연습

1. A 是什么? A는 뭐예요?

Zhè 这
Nà 那
Zhè ge 这个
Nà ge 那个

2. 这是我的 A 。 이것은 저의 A 입니다.

shū 书
shūbāo 书包
shǒujī 手机
diànnǎo 电脑

3. 这是谁的 A ? 이것은 누구의 A 입니까?

bāo
包

qiánbāo
钱包

bǐ
笔

běnzi
本子

4. 这是我 A 的 B 。 이것은 저의 A의 B입니다.

A	B
bàba 爸爸	zhuōzi 桌子
māma 妈妈	yǐzi 椅子
dìdi 弟弟	yīfu 衣服
péngyou 朋友	bēizi 杯子

제 5 과

Nǐ jiā yǒu jǐ kǒu rén?

你家有几口人?

가족이 몇 명이에요?

학습목표

- 숫자
- 양사
- 有자문
- 나이 묻는 표현

단어

家	jiā	명 집
有	yǒu	동 있다
几	jǐ	대 몇
口	kǒu	양 식구, 명 [식구를 세는 양사]
四	sì	수 넷, 4
五	wǔ	수 다섯, 5
爸爸	bàba	명 아빠
妈妈	māma	명 엄마
姐姐	jiějie	명 누나, 언니
妹妹	mèimei	명 여동생
和	hé	접 ~와, 그리고
没	méi	부 ~하지 않다 [有앞에 쓰여 부정을 나타냄]
一	yī	수 하나, 1
弟弟	dìdi	명 남동생
岁	suì	양 살 [나이를 세는 단위]
十	shí	수 열, 10
多大	dūodà	(나이가) 얼마입니까?
二十三	èrshísān	수 스물셋, 23

회화

회화 1 민준이와 장웨이가 서로 가족이 몇 명인지 묻고 있습니다.

Nǐ jiā yǒu jǐ kǒu rén?
A: 你家有几口人?

Sì kǒu rén. Bàba、 māma、 jiějie hé wǒ. Ní ne?
B: 四口人。爸爸、妈妈、姐姐和我。你呢?

Wǔ kǒu rén. Bàba、 māma、 gēge、 mèimei hé wǒ.
A: 五口人。爸爸、妈妈、哥哥、妹妹和我。

회화 2 왕리에게 오빠가 있는지 묻고 있습니다.

Nǐ yǒu gēge ma?
A: 你有哥哥吗?

Wǒ méiyǒu gēge. Wǒ yǒu yí ge dìdi.
B: 我没有哥哥。我有一个弟弟。

Nǐ dìdi jǐ suì?
A: 你弟弟几岁?

Tā qī suì.
B: 他七岁。

회화 3 마리에게 몇 명의 언니가 있는지 묻고 있습니다.

Nǐ yǒu jí ge jiějie?
A： 你有几个姐姐？

Wǒ yǒu yí ge jiějie.
B： 我有一个姐姐。

Nǐ jiějie duō dà?
A： 你姐姐多大？

Tā èr shí sān suì.
B： 她二十三岁。

어법

1. 숫자

	0	1	2	3	4	5	6	7	8	9
0	líng 零	yī 一	èr 二	sān 三	sì 四	wǔ 五	liù 六	qī 七	bā 八	jiǔ 九
10	shí 十	shíyī 十一	shíèr 十二	shísān 十三	shísì 十四	shíwǔ 十五	shíliù 十六	shíqī 十七	shíbā 十八	shíjiǔ 十九
20	èrshí 二十	èrshíyī 二十一	èrshíèr 二十二	èrshísān 二十三	èrshísì 二十四	èrshíwǔ 二十五	······	yìbǎi 一百	yìqiān 一千	yíwàn 一万

* 숫자 2는 경우에 따라 '二 èr'과 '两 liǎng' 두 가지로 읽을 수 있습니다. 단독으로 수를 셀 때는 반드시 '一, 二, 三'으로 읽고, 뒤에 양사나 명사가 붙는 경우에는 '两 liǎng'으로 읽고 씁니다.

① 第二课 dì èr kè　제2과
二哥 èr gē　둘째 형, 둘째 오빠
二月 èr yuè　2월

② 两个妹妹 liǎng ge mèimei　여동생 두 명
两岁 liǎng suì　두 살
两支笔 liǎng zhī bǐ　펜 두 자루
两本书 liǎng běn shū　책 두 권

2. 양사

중국어의 양사도 한국어의 양사만큼 종류가 다양합니다.

一个人	yí ge rén	사람 한 명
一个书包	yí ge shūbāo	가방 한 개
四口人	sì kǒu rén	네 식구, 식구 네 명
一只猫	yì zhī māo	고양이 한 마리
一棵树	yì kē shù	나무 한 그루
一朵花	yì duǒ huā	꽃 한 송이
一本书	yì běn shū	책 한 권
一支笔	yì zhī bǐ	펜 한 자루
一张纸	yì zhāng zhǐ	종이 한 장
一台电脑	yì tái diànnǎo	컴퓨터 한 대
一瓶水	yì píng shuǐ	물 한 병
一杯咖啡	yì bēi kāfēi	커피 한 잔
一听可乐	yì tīng kělè	콜라 한 캔
一碗米饭	yì wǎn mǐfàn	밥 한 그릇
一件衣服	yí jiàn yīfu	옷 한 벌
一双鞋	yì shuāng xié	신발 한 켤레

3. 有자문

'有'는 '~이/가 있다'라는 뜻으로, 존재함을 나타내는 동사입니다. 동사 '有'를 사용한 문장을 '有자문' 이라고 합니다.

Wǒ yǒu jiějie.

(1) 기본형 : 我有姐姐。 저는 누나/언니가 있습니다.

Nǐ yǒu jiějie ma?
(2) 의문형 : 你有姐姐吗? 당신은 누나/언니가 있습니까?

Wǒ méiyǒu jiějie.
(3) 부정형: 我没有姐姐。 저는 누나/언니가 없습니다.

Nǐ yǒu méiyǒu jiějie?
(4) 정반의문문: 你有没有姐姐? 당신은 누나/언니가 있습니까 없습니까?

4. 나이 묻는 표현

나이를 물을 때는 주로 '你几岁', '你多大' 이 두 가지 표현을 사용합니다.

(1) 의문대사 '几'는 '얼마, 몇' 이라는 뜻으로, 보통 10보다 적은 수량을 물을 때 사용합니다. 따라서 10세 이하의 어린 아이에게 나이를 물을 때 '你几岁'를 사용합니다.

Nǐ (jīnnián) jǐ suì?
A: 你(今年)几岁? (올해) 몇 살이니?

Bā suì
B: 八岁。 8살이에요.

(2) 부사 '多'는 '얼마나'라는 뜻으로, 주로 형용사 앞에 놓여 정도를 묻는 표현으로 사용합니다. 나이를 물을 때 형용사 '大'와 결합하여 의문문으로 사용합니다. '你多大'는 대략 10세 이상의 사람에게 나이를 물을 때 사용합니다.

Nǐ (jīnnián) duōdà?
A: 你(今年)多大? (올해) 몇 살이에요?

Èrshíyī suì.
B: 二十一岁。 21살입니다.

교환연습

1. 我家有 A 口人。 우리 가족은 A명입니다.

A
sān 三
sì 四
wǔ 五
qī 七

2. 我没有 A ，我有 B 。 저는 A는 없고, B는 있습니다.

A	B
gège 哥哥	yíge dìdi 一个弟弟
jiějie 姐姐	liǎngge mèimei 两个妹妹
gǒu 狗	yìzhīmāo 一只猫
kělè 可乐	yìpíng shuǐ 一瓶水

3. A 几岁？ A는 몇 살이니?

Nǐ 你
Nǐ hǎizi 你孩子
Nǐ érzi 你儿子
Nǐ nǚér 你女儿

4. A 多大？ A는 몇 살이에요? [=나이가 어떻게 되세요?]

Nǐ 你
Bàba 爸爸
Māma 妈妈
Dìdi 弟弟

제 6 과

Jīntiān jǐ yuè jǐ hào?

今天几月几号?

오늘은 몇 월 며칠입니까?

학습목표

- 날짜 표현
- 요일 표현
- 명사술어문
- 어기조사 '吧'

단어

今天	jīntiān	명 오늘
月	yuè	명 월
号	hào	명 일
二十七	èrshíqī	수 스물일곱, 27
星期	xīngqī	명 주, 요일
星期几	xīngqī jǐ	무슨 요일
星期五	xīngqīwǔ	명 금요일
昨天	zuótiān	명 어제
二十六	èrshíliù	수 스물여섯, 26
星期四	xīngqīsì	명 목요일
明天	míngtiān	명 내일
二十八	èrshíbā	수 스물여덟, 28
星期六	xīngqīliù	명 토요일
生日	shēngrì	명 생일
时间	shíjiān	명 시간
那	nà	접 그러면, 그렇다면
一起	yìqǐ	부 같이, 함께
吃饭	chīfàn	동 밥을 먹다
吧	ba	조 ~해라 [문장 끝에서 명령이나 추측을 나타냄]
啊	a	조 문장 끝에 붙어 감탄의 의미를 나타내거나 말투를 부드럽게 해줌

회화

회화 1 민준과 왕리가 오늘 날짜에 대해서 이야기 나누고 있습니다.

Jīntiān jǐ yuè jǐ hào?
A: 今天几月几号？

Jīntiān èr yuè èrshíqī hào.
B: 今天二月二十七号。

Jīntiān xīngqī jǐ?
A: 今天星期几？

Xīngqīwǔ.
B: 星期五。

회화 2 민준과 왕리가 어제와 내일 날짜에 대해서 이야기 나누고 있습니다.

Zuótiān jǐ yuè jǐ hào xīngqī jǐ?
A: 昨天几月几号星期几？

Zuótiān èr yuè èrshíliù hào, xīngqīsì.
B: 昨天二月二十六号，星期四。

Míngtiān ne?
A: 明天呢？

Míngtiān èr yuè èrshíbā hào, xīngqīliù.
B: 明天二月二十八号，星期六。

회화 3 민준이가 날짜를 몰라 왕리에게 묻고 있습니다.

Jīntiān èr yuè èrshíliù hào ba?
A: 今天二月二十六号吧？

Jīntiān búshì èr yuè èrshíliù hào.
B: 今天不是二月二十六号。

Nǐ de shēngrì shì èr yuè èrshíbā hào ba?
A: 你的生日是二月二十八号吧？

Wǒ de shēngrì bú shì èr yuè èrshíbā hào.
B: 我的生日不是二月二十八号。

회화 4 민준이가 왕리에게 같이 밥을 먹자고 합니다.

Nǐ èr yuè èrshíqī hào yǒu shíjiān ma?
A: 你二月二十七号有时间吗？

èrshíqī hào shì xīngqī jǐ?
B: 二十七号是星期几？

Xīngqīwǔ.
A: 星期五。

Yǒu shíjiān.
B: 有时间。

Nà wǒmen yìqǐ chīfàn ba.
A: 那我们一起吃饭吧。

Hǎo a.
B: 好啊。

어법

1. 날짜 표현

중국은 한국과 마찬가지로 월(月 yuè), 일(日 rì, 号 hào), 요일(星期 xīngqī)의 순으로 날짜를 말합니다. 구어에서는 주로 '号'를 사용합니다.

문어체: 12月25日，星期六。 12월 25일, 토요일입니다.

구어체: 12月25号，星期六。 12월 25일, 토요일입니다.

1월	2월	3월	4월	5월	6월
yī yuè 一月	èr yuè 二月	sān yuè 三月	sì yuè 四月	wǔ yuè 五月	liù yuè 六月
qī yuè 七月	bā yuè 八月	jiǔ yuè 九月	shí yuè 十月	shíyī yuè 十一月	shíèr yuè 十二月

qiánnián 前年 재작년	qùnián 去年 작년	jīnnián 今年 올해	míngnián 明年 내년	hòunián 后年 내후년
shàng shàng ge yuè 上上个月 지지난달	shàng ge yuè 上个月 지난달	zhè ge yuè 这个月 이번달	xià ge yuè 下个月 다음달	xià xià ge yuè 下下个月 다다음달
qiántiān 前天 그제	zuótiān 昨天 어제	jīntiān 今天 오늘	míngtiān 明天 내일	hòutiān 后天 모레

2. 요일 표현

월요일부터 일요일까지 중국어 '星期xīngqī' 뒤에 숫자 '一yī'부터 '六liù'까지의 숫자를 붙여줍니다. 일요일은 숫자 '七qī'가 아닌 '日rì'나 '天tiān'을 붙여 '星期日, 星期天'이라고 말합니다. 혹은 '周日, 礼拜天' 이라고도 말합니다.

월요일	화요일	수요일	목요일	금요일	토요일	일요일
xīngqīyī 星期一	xīngqīèr 星期二	xīngqīsān 星期三	xīngqīsì 星期四	xīngqīwǔ 星期五	xīngqīliù 星期六	xīngqīrì/ xīngqītiān 星期日/ 星期天

shàngshàng ge xīngqī 上上个星期 지지난 주	shàng ge xīngqī 上个星期 지난 주	zhè ge xīngqī 这个星期 이번 주	xià ge xīngqī 下个星期 다음 주	xiàxià ge xīngqī 下下个星期 다다음 주

3. 명사술어문

명사가 술어로 쓰인 문장을 '명사술어문' 이라고 합니다. 날짜, 요일 및 나이, 시간, 가격을 물어볼 때 동사 '是' 없이 명사구가 술어가 됩니다.

Jīntiān jǐ yuè jǐ hào?
A: 今天几月几号？ 오늘은 몇 월 며칠입니까?
Jīntiān sì yuè èrshísān hào.
B: 今天四月二十三号。오늘은 4월 23일입니다.

Jīntiān xīngqī jǐ?
A: 今天星期几？ 오늘은 무슨 요일 입니까?
Jīntiān xīngqīliù.
B: 今天星期六。오늘은 토요일입니다.

Nǐmen lǎoshī duōdà?
A: 你们老师多大？ 당신들의 선생님은 몇 살입니까?
Wǒmen lǎoshī sānshísān suì.
B: 我们老师33岁。우리들의 선생님은 33살입니다.

Xiànzài jǐ diǎn?

A: 现在几点？ 지금 몇 시입니까?

Xiànzài shíèr diǎn.

B: 现在十二点。 지금 12시입니다.

Yígòng duōshaoqián?

A: 一共多少钱？ 모두 얼마입니까?

Yígòng bāshíbā kuài qián.

B: 一共88块钱。 모두 88원입니다.

* 주어가 특정한 날이거나, 부정문일 경우에는 是를 생략할 수 없습니다. 예를 들어 "你的生日是二月二十七号吗？당신의 생일은 2월 27일입니까?", "今天不是星期三。오늘은 수요일이 아닙니다." 등을 말할 수 있습니다.

4. 어기조사 '吧'

어기조사 '吧'는 명령과 권유 또는 추측을 나타내는 조사입니다.

Nǐ kuài qǐchuǎng ba.

명령 : ① 你快起床吧。 빨리 일어나세요.

Nǐ kuài huíjiā ba.

② 你快回家吧。 빨리 집으로 돌아가세요.

Wǒmen yìqǐ chīfàn ba.

권유 : ① 我们一起吃饭吧。 우리 같이 밥 먹어요.

Wǒmen míngtiān jiànmiàn ba.

② 我们明天见面吧。 우리 내일 만나요.

Jīntiān shì nǐ de shēngrì ba?

추측 : ① 今天是你的生日吧？ 오늘 생일 맞지요?

Tā shì nǐ de dìdi ba?

② 他是你的弟弟吧？ 그는 당신의 남동생이지요?

교환연습

1. 今天 A 月 B 号。 오늘 A월 B일입니다.

A	B
èr 二	èrshíqī 二十七
sì 四	èrshísān 二十三
bā 八	èrshíliù 二十六
shí 十	èr 二

2. A 是星期 B 。 A는 B요일입니다.

A	B
Jīntiān 今天	tiān 天
Míngtiān 明天	yī 一
Hòutiān 后天	sān 三
Shíèr yuè èrshíwǔhào 十二月二十五号	wǔ 五

3. A 是 B 吧？ A는 B이지요?

A	B
Jīntiān 今天	xīngqīsì 星期四
Míngtiān 明天	nǐ de shēngrì 你的生日
Zhè 这	nǐ de 你的
Tā 她	nǐ de mèimei 你的妹妹

4. 我们一起 B 吧。 우리 같이 B해요.

B
chīfàn 吃饭
xuéxí 学习
qù 去
huíjiā 回家

1과~6과 주요 어법정리

1. 是자문

'是'는 '~이다'라는 뜻으로, 'A是B' 형식이고, 부정문 '不是'는 '~이 아니다' 라는 뜻으로, 'A不是B' 형식으로 이루어져 있습니다.

Wǒ shì Hánguó rén.
我是韩国人。 저는 한국인입니다.

Wǒ bú shì Hánguó rén.
我不是韩国人。 저는 한국인이 아닙니다.

2. 어기조사 '吧'

어기조사 '吧'는 명령과 권유 또는 추측을 나타내는 조사입니다.

Nǐ kuài qǐchuǎng ba.
명령: 你快起床吧。 빨리 일어나세요.

Wǒmen yìqǐ chīfàn ba.
권유: 我们一起吃饭吧。 우리 같이 밥 먹어요.

Jīntiān shì nǐ de shēngrì ba?
추측: 今天是你的生日吧？ 오늘 생일 맞지요?

3. 有자문

'A有B'형식으로, A는B가 있다는 뜻입니다. '有'의 부정문은 '没有'입니다.

Wǒ yǒu jiějie.

기본형: 我有姐姐。 저는 누나/언니가 있습니다.

Wǒ méiyou jiějie.

부정형: 我没有姐姐。 저는 누나/언니가 없습니다.

4. 의문문

의문문은 총 세 가지 방식으로 표현합니다.

(1) 의문조사

Nǐ shì Hánguó rén ma?

你是韩国人吗？ 당신은 한국인입니까?

Jīntiān shì nǐ de shēngrì ba?

今天是你的生日吧？ 오늘 생일 맞지요?

Nǐ ne?

你呢？ 당신은요?

(2) 의문대사

Tā shì sheí?

他是谁？ 그는 누구입니까?

Zhè shì shénme?

这是什么？ 이것은 무엇입니까?

Nǐ jiā yǒu jǐ kǒu rén?

你家有几口人？ 가족이 몇 명이에요?

(3) 정반의문문

Nǐ shì bú shì Hánguó rén?

你是不是韩国人？ 당신은 한국인입니까 아닙니까?

Nǐ yǒuméiyǒu dìdi?
你有没有弟弟？ 당신은 남동생이 있습니까 없습니까?

5. 소유격 조사 '的'

조사 '的'는 '~의, ~것' 이라는 뜻으로, 명사나 대명사 뒤에 붙여 소유·소속·한정의 관계를 나타냅니다.

Zhè shì wǒ de shū.
这是我的书。이것은 저의 책입니다.

· 명사 '书'는 생략이 가능합니다. 이 경우 '的' 는 '~것'이라고 해석합니다.

Zhè shì wǒ de.
这是我的。이것은 나의 것입니다.

· 가족이나 친척, 친구, 소속단체를 나타낼 때 '的'를 생략할 수 있습니다.

Tā shì wǒ bàba.
他是我爸爸。그는 우리 아빠입니다.

6. 양사

중국어의 양사는 '수사+양사+명사' 순서로 씁니다.

一个人 yí ge rén 사람 한 명
一本书 yì běn shū 책 한 권

7. 명사술어문

날짜, 요일 및 나이, 시간, 가격을 물어볼 때 동사 '是' 없이 명사구가 술어가 됩니다.

Jīntiān sì yuè èrshiísān hào.

今天四月二十三号。 오늘은 4월 23일입니다.

Jīntiān xīngqīliù.

今天星期六。 오늘은 토요일입니다.

Wŏmen lǎoshī sānshísān suì.

我们老师33岁。 우리들의 선생님은 33살입니다.

Xiànzài shíèr diǎn.

现在十二点。 지금 12시입니다.

Yígòng bāshíbā kuài qián.

一共88块钱。 모두 88원입니다.

· 주어가 특정한 날이거나, 부정문일 경우에는 是를 생략할 수 없습니다.

Nǐ de shēngrì shì èr yuè èrshiíqī hào ma?

你的生日是二月二十七号吗？ 당신의 생일은 2월 27일입니까?

Jīntiān bú shì xīngqīsān.

今天不是星期三。 오늘은 수요일이 아닙니다.

제 7 과

Xiànzài jǐ diǎn?

现在几点?

지금 몇 시예요?

학습목표

- 시간 표현
- 快……了
- 연동문

단어

现在	xiànzài	명 지금, 현재
点	diǎn	양 시
分	fēn	양 분
课	kè	명 수업
上课	shàngkè	동 수업하다, 수업을 듣다
天阿	tiān a	감 세상에, 맙소사
快	kuài	부 빨리
起床	qǐ chuǎng	동 일어나다, 기상하다
快…了	kuài…le	곧 ~이 된다
中午	zhōngwǔ	명 점심
吃	chī	동 먹다
饭	fàn	명 밥
时间	shíjiān	명 시간
*那	nà	접 그러면, 그렇다면
咱们	zánmen	대 우리들
*一起	yìqǐ	부 같이, 함께
去	qù	동 가다

회화

회화 1 장웨이와 엄마가 아침 대화를 나눕니다.

Mā, xiànzài jǐ diǎn?

A：妈，现在几点？

Xiànzài bā diǎn sānshí fēn. Nǐ jīntiān yǒu kè ma?

B：现在八点三十分。你今天有课吗？

Yǒu.

A：有。

Jǐ diǎn shàngkè?

B：几点上课？

Bā diǎn.

A：八点。

Tiān a! Nǐ kuài qǐcháung ba.

B：天啊! 你快起床吧。

Hǎo de, hǎo de.

A：好的，好的。

회화 2 장웨이가 왕리에게 점심을 먹으러 가자고 합니다.

Xiànzài jǐ diǎn?
A: 现在几点？

Kuài shíyī diǎn bàn le.
B: 快十一点半了。

Nǐ zhōngwǔ jǐ diǎn chīfàn?
A: 你中午几点吃饭？

Wǒ shíèr diǎn chīfàn.
B: 我十二点吃饭。

Nǐ jīntiān yǒu shíjiān ma?
A: 你今天有时间吗？

Yǒu shíjiān.
B: 有时间。

Nà zánmen yìqǐ qù chīfàn ba.
A: 那咱们一起去吃饭吧。

Hǎo a.
B: 好啊。

어법

1. 시간 표현

시와 분을 표현할 때는 '点'과 '分'을 사용합니다.

시	분	초	15분	30분/반	부족하다/~전	오전	오후	시간
diǎn 点	fēn 分	miǎo 秒	kè 刻	bàn 半	chà 差	shàngwǔ 上午	xiàwǔ 下午	xiǎoshí 小时

8:00	bā diǎn 八点
10:00	shí diǎn 十点
12:02	shíèr diǎn líng èr fēn 十二点零二分
03:08	sān diǎn líng bā fēn 三点零八分
05:15	wǔ diǎn shíwǔ fēn/ wǔ diǎn yí kè 五点十五分/ 五点一刻
06:30	liù diǎn sānshí fēn/ liù diǎn bàn 六点三十分/ 六点半
07:45	qī diǎn sìshíwǔ fēn/ chà yí kè bā diǎn 七点四十五分/ 差一刻八点
09:55	jiǔ diǎn wǔshíwǔ fēn/ chà wǔ fēn shí diǎn 九点五十五分/ 差五分十点
1시간	yí ge xiǎoshí 一个小时
2시간	liǎng ge xiǎoshí 两个小时

2. 快……了

변화를 나타내는 '了'는 '곧'이라는 의미의 부사 '快'와 같이 자주 쓰입니다.

Kuài shíèr diǎn le.
① 快十二点了。곧 12시가 됩니다.

Kuài xià yǔ le.
② 快下雨了。곧 비가 옵니다.

Kuài xià kè le.
③ 快下课了。곧 수업이 끝납니다.

3. 연동문

연동문은 두 개 이상의 동사를 연달아 사용하는 문장을 연동문이라고 합니다. 동사의 순서에 따라 동작이 발생함을 나타내며, 연이은 두 개의 동사 사이에 쉼표나 접속사를 사용하지 않습니다.

Wǒ qù chīfàn.
① 我去吃饭。저는 밥을 먹으러 갑니다.

Wǒ qù shàngkè.
② 我去上课。저는 수업하러 갑니다.

Wǒ qù shítáng chīfàn.
③ 我去食堂吃饭。저는 밥을 먹으러 식당에 갑니다.

Wǒ qù xuéxiào shàngkè.
④ 我去学校上课。저는 수업하러 학교에 갑니다.

교환연습

1. 现在 A 。 지금 A 입니다.

liǎng diǎn líng èr fēn
两点零二分

wǔ diǎn yí kè
五点一刻

chà yí kè qī diǎn
差一刻七点

chà shí fēn bā diǎn
差十分八点。

2. 几点 A ? 몇 시에 A를 합니까?

qǐchuáng
起床

shàngkè
上课

chīfàn
吃饭

xiàbān
下班

3. 我去 A 。 저는 A에 갑니다.

xuéxiào
学校

gōngsī
公司

túshūguǎn
图书馆

gōngyuán
公园

4. 我去 A 。 저는 A하러 갑니다.

xuéxí
学习

gōngzuò
工作

kànshū
看书

sànbù
散步

제 8 과

Shǒujī zài nǎr?

手机在哪儿?

핸드폰은 어디에 있어요?

학습목표

- 방위사
- 동사 '在'
- 就……了
- 의문대사 '哪儿'

단어

在	zài	동 ~에 있다
哪儿	nǎr	대 어디, 어느 곳
笔	bǐ	명 펜 [铅笔 qiānbǐ 연필, 圆珠笔 yuánzhūbǐ 볼펜]
椅子	yǐzi	명 의자
下面	xiàmiàn	명 아래, 밑
旁边	pángbiān	명 옆
手	shǒu	명 손
里	lǐ	명 안, 속, 내부
请问	qǐngwèn	말씀 좀 묻겠습니다
图书馆	túshūguǎn	명 도서관
银行	yínháng	명 은행
远	yuǎn	형 멀다 ↔ 近 jìn
走	zǒu	동 가다, 걷다
分种	fēnzhōng	명 분
就	jiù	부 바로, 곧
到	dào	동 도착하다
不用	búyòng	~할 필요 없다
不用谢	búyòng xiè	감사할 것 없습니다, 별말씀을요

회화

회화 1 왕리와 마리와 민준이가 장웨이에게 물건을 찾습니다.

Zhāngwěi, wǒ de shūbāo zài nǎr?
A: 张伟，我的书包在哪儿？

Nǐ de shūbāo zài zhuōzi shàngmiàn.
B: 你的书包在桌子上面。

Zhāngwěi, wǒ de bǐ zài nǎr?
C: 张伟，我的笔在哪儿？

Nǐ de bǐ zài yǐzi xiàmiàn.
B: 你的笔在椅子下面。

Zhāngwěi, wǒ de shū zài nǎr?
D: 张伟，我的书在哪儿？

Nǐ de shū zài nǐ de pángbiān.
B: 你的书在你的旁边。

Zhāngwěi, wǒ de shǒujī zài nǎr?
E: 张伟，我的手机在哪儿？

Nǐ de shǒujī zài nǐ de shǒu lǐ.
B: 你的手机在你的手里。

회화 2 민준이가 지나가는 사람에게 도서관의 위치를 묻습니다.

Qǐngwèn, túshūguǎn zài nǎr?
A: 请问，图书馆在哪儿？

Túshūguǎn zài yínháng pángbiān.
B: 图书馆在银行旁边。

Yuǎn ma?
A: 远吗？

Bù yuǎn. Zǒu shí fēn zhōng jiù dào le.
B: 不远。走十分钟就到了。

Xiè xie.
A: 谢谢。

Búyòng xiè.
B: 不用谢。

회화 3 장웨이가 마리에게 민준이가 어디에 있는지 묻습니다.

Mǐnjùn zài xuéxiào ma?
A: 敏俊在学校吗？

Tā bú zài xuéxiào.
B: 他不在学校。

Tā zài nǎr?
A: 他在哪儿？

Tā zài túshūguǎn.
B: 他在图书馆。

어법

1. 방위사

(1) 방향을 나타내는 명사를 방위사라고 합니다. 자주 사용하는 방위사는 다음과 같습니다.

dōngbian 东边 동쪽	xībian 西边 서쪽	nánbian 南边 남쪽	běibian 北边 북쪽
shàngbian/shàngmiàn 上边/上面 위쪽	xiàbian/xiàmiàn 下边/下面 아래쪽	qiánbian/qiánmiàn 前边/前面 앞쪽	hòubian/hòumiàn 后边/后面 뒤쪽
zuǒbian 左边 왼쪽	yòubian 右边 오른쪽	lǐbian/lǐmiàn 里边/里面 안쪽	wàibian/wàimiàn 外边/外面 바깥쪽
pángbiān 旁边 옆쪽	duìmiàn 对面 맞은편	zhōngjiān 中间 가운데	

*边은 원래 1성이지만 방위사로 쓰일 때는 旁边을 제외하고 모두 성조가 약해져 경성으로 읽습니다.

(2) 접미사인 '面'을 붙여 2음절 방위사로도 쓸 수 있지만, 장소명사로도 사용할 수 있습니다.

Zhuōzi shàng yǒu yí ge shūbāo.
① 桌子上有一个书包。 책상 위에 가방 한 개가 있어요.

Shàngmiàn yǒu yí ge bēizi.
② 上面有一个杯子。 위에 컵 한 개가 있어요.

2. 동사 '在'

동사 '在'는 '~에 있다'라는 뜻으로, 장소명사 앞에 놓여 사람이나 사물이나 장소의 위치를 나타냅니다.

Tā zài xuéxiào.
① 他在学校。그는 학교에 있습니다.

Shū zài zhuōzi shàngmiàn.
② 书在桌子上面。책은 책상 위에 있습니다.

Túshūguǎn zài yínháng pángbiān.
③ 图书馆在银行旁边。도서관은 은행 옆에 있습니다.

* '在'와 '有' 모두 '~에 있다'라는 뜻으로 존재를 나타내지만 두 용법에도 차이점은 있습니다. '在'는 '사물+在+장소'로 장소에 초점을 두고, '有'는 '장소+有+사물'로 사물에 초점을 둡니다.

Túshūguǎn zài yínháng pángbiān.
① 图书馆在银行旁边。도서관은 은행 옆에 있어요.

Qiánbian yǒu xǐshǒujiān.
② 前边有洗手间。앞쪽에 화장실이 있어요.

3. 의문대사 '哪儿'

의문대사 '哪儿'은 '어디' 라는 뜻으로, 사람이나 사물의 위치를 물을 때 사용합니다.

Wǒ de shū zài nǎr?
① 我的书在哪儿? 제 책은 어디에 있어요?

Wǒ de shǒujī zài nǎr?

② 我的手机在哪儿？ 제 핸드폰은 어디에 있어요?

4. 就……了

어기조사 '了'는 상황이 변했음을 나타냅니다. 예를 들어 '她漂亮了。Tā piàoliáng le.' 그녀는 예뻐졌습니다. '我饿了。Wǒ è le.' 나는 배고파 졌습니다. 등을 예제로 들 수 있습니다. 이렇게 변화를 나타내는 '了'는 '곧' 이라는 의미의 부사 '就'와 함께 자주 사용됩니다.

Zǒu wǔbái mǐ jiù dào le.

① 走500米就到了。 500m 걸으면 곧 도착합니다.

Kū wǎn jiù è le.

② 哭完就饿了。 울고나니 곧 배고파졌습니다.

교환연습

1. A 在哪儿？ A는 어디에 있습니까?

Qiánbāo 钱包
Yóujú 邮局
Xǐshǒujiān 洗手间
Nán péngyou 男朋友

2. 钱包在 A 。 지갑은 A에 있습니다.

zhuōzi shàngmiàn 桌子上面
yǐzi xiàmiàn 椅子下面
shūbāo lǐmiàn 书包里面
nǐ de pángbian 你的旁边

3. 图书馆在 A 。 도서관은 A에 있습니다.

yínháng pángbiān
银行旁边

yóujú zuǒbian
邮局左边

chāoshì yòubian
超市右边

yīyuàn duìmiàn
医院对面

4. 他在 A 。 그는 A에 있습니다.

chuáng shàng
床上

fángjiān lǐ
房间里

jiàoshì lǐ
教室里

shàngdiàn duìmiàn
商店对面

제 9 과

Zhōumò zuò shénme?

周末做什么?

주말에 뭐해요?

학습목표

- 개사 '在'
- 조동사 '会(1)'
- 접속사 '跟/和'

단어

做	zuò	동 만들다
学校	xuéxiào	명 학교
学习	xuéxí	명, 동 학습(하다), 공부(하다)
周末	zhōumò	명 주말
跟	gēn	접 ~와
朋友	péngyou	명 친구
咖啡厅	kāfēitīng	명 커피숍
喝	hē	동 마시다
咖啡	kāfēi	명 커피 [水shuǐ, 可乐kělè, 绿茶lǜchá]
门口	ménkǒu	명 입구, 현관
见面	jiànmiàn	동 만나다, 대면하다
见	jiàn	동 만나다, 보다
家	jiā	명 집
菜	cài	명 요리
中国菜	zhōngguó cài	명 중국요리
会	huì	조동 ~할 수 있다
公园	gōngyuán	명 공원
打(1)	dǎ	동 치다, 때리다 [篮球lánqiú, 棒球bàngqiú, 乒乓球pīngpāngqiú]
羽毛球	yǔmáoqiú	명 배드민턴

회화

회화 1 왕리와 마리가 약속을 잡고 있습니다.

Wánglì, nǐ míngtiān zuò shénme?
A: 王丽，你明天做什么？

Míngtiān wǒ qù xuéxiào.
B: 明天我去学校。

Nǐ qù xuéxiào zuò shénme?
A: 你去学校做什么？

Wǒ qù xuéxiào xuéxí.
B: 我去学校学习。

Zhōumò zuò shénme?
A: 周末做什么？

Zhōumò wǒ gēn péngyou yìqǐ qù kāfēitīng hē kāfēi.
B: 周末我跟朋友一起去咖啡厅喝咖啡。

Gēn wǒ yìqǐ qù ba.
A: 跟我一起去吧。

Hǎo a. Zhōumò wǒmen zài xuéxiào ménkǒu jiànmiàn ba.
B: 好啊。周末我们在学校门口见面吧。

Hǎo de. zhōumò jiàn!
A: 好的。周末见！

회화 2 장웨이와 민준이가 전화통화를 합니다.

Mǐnjùn nǐ xiànzài zuò shénme?
A: 敏俊，你现在做什么？

Wǒ zài jiā zuò Zhōngguó cài.
B: 我在家做中国菜。

Nǐ huì zuò Zhōngguó cài ma?
A: 你会做中国菜吗？

Wǒ huì zuò Zhōngguó cài. Nǐ xiànzài zuò shénme?
B: 我会做中国菜。你现在做什么？

Wǒ zài gōngyuán.
A: 我在公园。

Nǐ zài gōngyuán zuò shénme?
B: 你在公园做什么？

Wǒ gēn péngyou yìqǐ dǎ yǔmáoqiú.
A: 我跟朋友一起打羽毛球。

Nǐ huì dǎ yǔmáoqiú ma?
B: 你会打羽毛球吗？

Hěn huì dǎ.
A: 很会打。

어법

1. 개사 '在'

개사 '在'는 '~에서'라는 뜻으로, 동작이 발생하는 장소를 나타냅니다. 문장에서 '在+장소명사+동사' 순으로 사용합니다.

wǒ zài xuéxiào xuéxí.
① 我在学校学习。저는 학교에서 공부합니다.

wǒ zài túshūguǎn kànshū.
② 我在图书馆看书。저는 도서관에서 책을 봅니다.

wǒ zài shítáng chīfàn.
③ 我在食堂吃饭。저는 식당에서 밥을 먹습니다.

wǒ zài gōngsī gōngzuò.
④ 我在公司工作。저는 회사에서 일합니다.

2. 조동사 '会(1)'

조동사 '会'는 동사 앞에 놓여 '~할 수 있다'라는 뜻을 나타냅니다. 타고난 능력보다는 배워서 익힌 능력을 나타낼 때 사용합니다.

wǒ huì zuò Zhōngguó cài.
① 我会做中国菜。저는 중국요리를 만들 수 있습니다.

wǒ huì shuō hànyǔ.
② 我会说汉语。저는 중국어를 말할 수 있습니다.

wǒ huì xiě hànzì.
③ 我会写汉字。저는 한자를 쓸 수 있습니다.

wǒ huì dǎ pīngpāngqiú.
④ 我会打乒乓球。저는 탁구를 칠 수 있습니다.

3. 접속사 '跟'

접속사 '跟'은 5과에서 나온 '和'와 용법은 비슷합니다. '和'와 '跟' 모두 '~와'라는 뜻의 접속사 속성을 지니고 있으며, '跟'은 구어체에서 주로 많이 사용됩니다.

Nǐ gēn wǒ yìqǐ qù ba. Nǐ hé wǒ yìqǐ qù ba.
你跟我一起去吧。= 你和我一起去吧。저랑 같이 갑시다.

* '我家有爸爸、妈妈、弟弟和我。[Wǒ jiā yǒu bàba、māma、dìdi hé wǒ] 우리 가족은 아버지, 어머니, 남동생 그리고 저입니다.' 이 문장에서 '和'는 '그리고' 라는 의미로 사용되지만, '跟'은 이런 용법이 없습니다.

교환연습

1. 你 A 做什么？ 당신은 A(시간)에 뭐 하세요?

jīntiān 今天
míngtiān 明天
shàngwǔ 上午
xiàwǔ 下午

2. 我去 A B 。 저는 A에 가서 B를 합니다.

A	B
xuéxiào 学校	xuéxí 学习
shítáng 食堂	chīfàn 吃饭
kāfēitīngtīng 咖啡厅	hē kāfēi 喝咖啡
shàngdiàn 商店	mǎi dōngxi 买东西

3. 我在 A B 。 저는 A에서 B를 합니다.

xuéxiào 学校	xuéxí 学习
shítáng 食堂	chīfàn 吃饭
kāfēitingtīng 咖啡厅	hē kāfēi 喝咖啡
shàngdiàn 商店	mǎi dōngxi 买东西

4. 我会 A 。 저는 A를 할 수 있습니다.

zuò Zhōngguó cài
做中国菜

shuō hànyǔ
说汉语

xiě hànzì
写汉字

dú zhè ge zì
读这个字

제 10 과

Nǐ xiǎng chī shénme?

你想吃什么?

무엇을 먹고 싶습니까?

학습목표

- 조동사 '想/要'
- 好+동사
- 又……又……
- 조동사 '能/可以'
- 의문대사 '多少'

단어

想	xiǎng	조동 ~하고싶다
又	yòu	부 또, 다시 [又……又 ~하고, ~하다]
酸	suàn	형 (맛이)시다
甜	tiǎn	형 (맛이)달다
喜欢	xǐhuan	동 좋아하다
东北	Dōngběi	고유 똥베이[랴오닝, 지린, 헤이룽장의 3성]
东北菜	Dōngběi cài	명 똥베이 요리
点(菜)	diǎn(cài)	동 (음식을)주문하다
锅包肉	guōbāoròu	명 꿔바러우
鱼香肉丝	yúxiāngròusī	명 위샹러우스
还	hái	부 또, 더
要	yào	동 원하다, 필요하다
地三鲜	dìsānxiān	명 띠산시엔 [땅에서 나는 세가지 채소를 볶은 요리]
都	dōu	부 모두, 다
能	néng	동 ~할 수 있다 [능력을 표시함]
服务员	fúwùyuán	명 종업원
来	lái	동 오다, 주세요 [물건을 주문할 때 사용. 예: 来一个~]
别的	bié de	명 다른 것

碗	wǎn	양 그릇
米饭	mǐfàn	명 쌀밥
饮料	yǐnliào	명 음료수
可乐	kělè	명 콜라
多少	duōshao	대 얼마
钱	qián	명 돈
多少钱	duōshaoqián	얼마예요?
一共	yígòng	부 모두
块	kuài	양 위안 [중국 화폐 단위]
可以	kěyǐ	동 ~할 수 있다
用	yòng	동 쓰다, 사용하다
信用卡	xìnyòngkǎ	명 신용카드
家	jiā	양 가정, 가게, 기업 따위를 세는 단위
餐厅	cāntīng	양 식당
对	duì	형 맞다, 옳다
好吃	hǎochī	형 맛있다
便宜	piányi	형 싸다, 저렴하다

회화

회화 1 장웨이와 민준이가 중국식당에 왔습니다.

Mǐnjùn, nǐ xiǎng chī shénme?
A: 敏俊，你想吃什么？

Wǒ xiǎng chī yòu suān yòu tián de.
B: 我想吃又酸又甜的。

Nǐ xǐhuān Dōngběi cài ma？
A: 你喜欢东北菜吗？

Xǐhuān
B: 喜欢。

Nà wǒmen diǎn guōbāoròu hé yúxiāngròusī ba.
A: 那我们点锅包肉和鱼香肉丝吧。

Hǎo de. Wǒ hái yào chī dìsānxiān.
B: 好的。我还要吃地三鲜。

Nǐ dōu néng chī ma?
A: 你都能吃吗？

Dōu néng chī.
B: 都能吃。

회화 2 장웨이가 종업원에게 주문을 합니다.

Fúwùyuán! Diǎncài!
A：服务员！点菜！

Lái yí ge guōbāoròu、 yúxiāngròusī hé dìsānxiān.
来一个锅包肉、鱼香肉丝和地三鲜。

Hái yào bié de ma?
B：还要别的吗？

Zài lái liǎng wǎn mǐfàn.
A：再来两碗米饭。

Yào shénme yǐnliào?
B：要什么饮料？

Lái yì píng kělè.
A：来一瓶可乐。

Hǎo de.
B：好的。

회화 3 장웨이와 민준이가 식사를 마치고 계산을 합니다.

Fúwùyuán, duōshaoqián?

A: 服务员，多少钱？

Yígòng bāshíbā kuài qián.

C: 一共八十八块钱。

Kěyǐ yòng xìnyòngkǎ ma?

A: 可以用信用卡吗？

Kěyǐ

C: 可以。

Zhāngwěi, zhè jiā cāntīng dōu hěn hǎochī.

B: 张伟，这家餐厅都很好吃。

Duì ba? Yòu hǎochī yòu piányi.

A: 对吧？又好吃又便宜。

어법

1. 조동사 '想/要'

(1) '想'은 '~하고 싶다' 라는 뜻의 조동사입니다. 부정형은 '不想'으로, '~하고 싶지 않다' 라는 뜻입니다.

Wǒ xiǎng qù xuéxiào.
① 我想去学校。 저는 학교에 가고 싶습니다.

Wǒ bùxiǎng qù xuéxiào.
② 我不想去学校。 저는 학교에 가고 싶지 않습니다.

(2) '要'는 '~할 것이다', '~하려고 한다'라는 뜻으로, 강한 의지나 계획 등을 나타냅니다. '要'의 부정형은 '不要'가 아니라 '不想'입니다. '不要'는 '~하지 마라'라는 뜻의 명령형입니다.

Wǒ yào qù xuéxiào.
① 我要去学校。 저는 학교에 갈 것입니다. /저는 학교에 가려고 합니다.

Nǐ búyào qù xuéxiào.
② 你不要去学校。 당신은 학교에 가지 마세요.

2. 好+동사

'好+동사' 형식의 문장은 여러가지가 있습니다.

긍정	부정
好吃 hǎochī 맛있다	不好吃 bù hǎochī
好喝 hǎohē (음료수, 탕 종류) 맛있다	不好喝 bù hǎohē
好看 hǎokàn (옷, 영화, 책) 보기 좋다, 재미있다	不好看 bù hǎokàn
好听 hǎotīng (노래, 목소리) 듣기 좋다	不好听 bù hǎotīng

3. 又……又……

'다시', '또' 라는 뜻의 '又'를 반복하여 사용하면, '~하기도 하고, ~하기도 하다'라는 뜻이 됩니다.

Zhōngguó cài yòu hǎo chī yòu piányi.
① 中国菜又好吃又便宜。 중국요리는 맛있고(맛있기도 하고), 저렴해요.

Tā zhǎng de yòu gāo yòu shuài.
② 他长得又高又帅。 그는 키가 크고(크기도 하고), 잘 생겼어요.

4. 조동사 '能/可以'

'能'과 '可以'는 '~할 수 있다' 라는 뜻으로, 어떤 일의 실현 가능함을 나타내는 조동사입니다. 하지만 두 용법에 약간의 차이점이 있습니다. '能'은 '~할 줄 안다'의 의미로 능력을 나타낼 때 많이 사용하고, '可以'는 주로 '~할 수 있다'의 의미로 허가를 나타낼 때 사용합니다.

(1) 능력을 나타내는 '能'

Nǐ dōu néng chī ma?
A: 你都能吃吗？ (양이 많은데) 전부 먹을 수 있어요?

Wǒ dōu néng chī.
B: 我都能吃。 전부 먹을 수 있어요.

(2) 허가를 나타내는 '可以'

Wǒ kěyǐ chángcháng ma?
A: 我可以尝尝吗？ 저 맛봐도 돼요?

kěyǐ.

B: 可以。가능합니다.

*9과에 나온 '~을 할 수 있다' 라는 뜻의 '会'는 '~을 할 수 있다' 라는 뜻의 '能'과 뜻이 같습니다. 하지만 두 용법에도 차이점은 있습니다. '能'은 어떤 상황으로 인해 불가능하다가 능력이 회복된 것이고, '会'는 배움을 통해 없던 능력이 생긴 것을 뜻합니다.

Nǐ néng zǒu lù ma?

① 你能走路吗？ (이제 다시) 걸을 수 있어요?

Nǐ huì zǒu lù ma?

② 你会走路吗？ (걸음마 뗀 아기에게) 너 걸을 수 있어?

5. 의문대사 '多少'

의문대사 '多少'는 '얼마, 몇' 이라는 뜻으로, 양사없이 명사 앞에서 바로 사용할 수 있습니다.

Nǐmen xuéxiào yǒu duōshao (ge) xuéshēng?

① 你们学校有多少(个)学生？ 당신의 학교에는 몇 명의 학생이 있습니까?

Zhè ge dōngxi duōshao qián?

② 这个东西多少钱？ 이 물건은 얼마입니까?

교환연습

1. 你想 A 什么？ 당신은 무엇을 A하고 싶으세요?

A
chī 吃
hē 喝
zuò 做
mǎi 买

2. A 又 B 又 C 。 A는 B하고 C합니다.

A	B	C
Zhōngguó cài 中国菜	hǎochī 好吃	piányi 便宜
Zhè jiàn yīfu 这件衣服	bù hǎokàn 不好看	guì 贵
Wǒ 我	lèi 累	kùn 困
Tā 她	piàoliang 漂亮	cōngming 聪明

3. 我要 A 。 저는 A를 원합니다.

liǎng wǎn mǐfàn
两碗米饭

yì tīng kělè
一听可乐

yì bēi shuǐ
一杯水

yì zhī Běijīng kǎoyā
一只北京烤鸭

4. 我可以 A 吗？ A 해도 됩니까?

yòng xiànjīn
用现金

cháng (yi) cháng
尝(一)尝

shì (yi) shì
试(一)试

xǐhuan nǐ
喜欢你

제 11 과

Qǐng gàosu wǒ diànhuà hàomǎ.
请告诉我电话号码。

전화번호 좀 알려주세요.

학습목표

- 겸어문 ‘请’
- 감탄사 ‘喂’
- 동작진행 ‘正在/在……呢’
- 전화번호 읽기

단어

知道	zhīdào	동 알다
电话	diànhuà	명 전화
号码	hàomǎ	명 번호
告诉	gàosu	동 알리다, 말하다
给	gěi	동 주다
打电话	dǎ diànhuà	전화를 걸다
正在……(呢)	zhèngzài……(ne)	부 마침 ~하고 있는 중이다
晚上	wǎnshang	명 저녁
了	le	조 동사 또는 형용사 뒤에 쓰여 동작 또는 변화가 이미 완료되었음을 나타냄
错	cuò	형 틀리다
不好意思	bùhǎoyìsi	미안합니다
没关系	méiguānxi	괜찮습니다
哪位	nǎ wèi	대 어느 분 [谁의 존칭]
方便	fāngbiàn	형 편리하다
看	kàn	동 보다
看书	kànshū	동 책을 보다
电视	diànshì	명 텔레비전
洗澡	xǐzǎo	동 목욕하다

회화

회화 1 민준이가 왕리에게 안나의 전화번호를 묻고 있습니다.

Wánglì, nǐ zhīdào Ānnà de diànhuà hàomǎ ma?
A: 王丽，你知道安娜的电话号码吗？

Zhīdào.
B: 知道。

Qǐng gàosu wǒ Ānnà de diànhuà hàomǎ.
A: 请告诉我安娜的电话号码。

Tā de diànhuà hàomǎ shì yāo sān bā yāo bā yāo qī bā yāo yāo sì.
B: 她的电话号码是13818178114。

Xièxie. wǒ xiànzài gěi tā dǎ diànhuà.
A: 谢谢。我现在给她打电话。

Tā zhèngzài shàngkè ne, nǐ wǎnshang dǎ ba.
B: 她正在上课呢，你晚上打吧。

Hǎo de, zhīdào le.
A: 好的，知道了。

회화 2 민준이가 전화를 잘못 걸었습니다.

Wèi! Nǐhǎo. Ānnà zài ma?
A： 喂！你好。安娜在吗？

Nǐ dǎ cuò le.
B： 你打错了。

Bú shì yāo sān bā yāo bā yāo qī bā yāo yāo sì ma?
A： 不是13818178114吗？

Bú shì yāo sān bā yāo bā yāo qī bā yāo yāo sì, shì yāo sān liù sān liù liù èr jiǔ qī sì qī.
B： 不是13818178114， 是13636629747。

Bùhǎoyìsi.
A： 不好意思。

Méiguānxi.
B： 没关系。

회화 3 민준이가 안나에게 전화를 걸었습니다.

Wèi! Nǐhǎo.
A: 喂！你好。

Nǐhǎo. Ní shì nǎ wèi?
B: 你好。您是哪位？

Ānnà, wǒ shì Mǐnjùn. Xiànzài fāngbiàn dǎ diànhuà ma?
A: 安娜，我是敏俊。现在方便打电话吗？

Fāngbiàn.
B: 方便。

Nǐ zài zuò shénme ne?
A: 你在做什么呢？

Wǒ zài kànshū ne. Nǐ ne?
B: 我在看书呢。你呢？

Wǒ zài kàn diànshì ne. Mǎlì yě zài kànshū ma?
A: 我在看电视呢。玛丽也在看书吗？

Tā méi zài kànshū, hái zài xǐzǎo.
B: 她没在看书，还在洗澡。

어법

1. 겸어문 '请'

'请'은 겸어문으로, '请'뒤에 동사를 붙여 '~해 주세요' 라는 뜻의 권유문으로 사용합니다. 상대방에게 어떤 일을 권하거나 부탁할 때 사용할 수 있습니다.

Qǐng gàosu wǒ nǐ de diànhuà hàomǎ.
① 请告诉我你的电话号码。 전화번호 좀 알려주세요.

Qǐng zuò.
② 请坐。 앉으세요.

Qǐng hē chá.
③ 请喝茶。 차 드세요.

2. 감탄사 '喂'

'喂'는 '여보세요'라는 뜻으로 전화를 걸거나 받을 때 사용하는 표현입니다. 원래 성조는 제 4성이지만(wèi), 구어에서는 제 2성(wéi)으로 발음합니다.

Wèi, nín shì Wáng lǎoshī ma?
① A: 喂，您是王老师吗？ 여보세요, 왕선생님 되세요?

Wèi, Wáng lǎoshī zài jiā ma?
② A: 喂，王老师在家吗？ 여보세요, 왕선생님 집에 계세요?

3. 동작진행 '正在/在……呢'

'正在/在……呢'는 '~하는 중이다'라는 뜻으로, 동작의 진행을 나타내는 표현입니다. '正在/在+동사+(목적어)+呢' 형식으로 사용하며, 문장 끝의 '呢'는 생략이 가능합니다. '正在'

와 '在'는 동일한 뜻을 지니고 있지만 약간의 차이점도 있습니다. '正在'는 동작진행의 '상태' 및 '시간'을 중시하고, '在'는 동작진행의 '상태'를 중시하고 있습니다.

	의미	차이점	예문
zhèngzài 正在	마침 ~하는 중이다	동작 진행의 '상태' 및 '시간'을 중시	你给我打电话的时候, 我正在看书呢。
zài 在	~하는 중이다	동작진행의 '상태'를 중시	我在上课呢。 我在吃饭呢。

(1) 긍정문

· 현재 진행중일 경우 '正在/在+동사+(목적어)+呢' 형식을 사용합니다.

Wǒ zhèngzài zài tīng yīnyuè ne.
① 我正在/在听音乐呢。 저는 (마침) 음악을 듣는 중입니다.

Wǒ zhèngzài zài xuéxí ne.
② 我正在/在学习呢。 저는 (마침) 공부를 하는 중입니다.

· 여전히 진행중일 경우 '아직'이라는 뜻의 부사 '还'를 사용합니다. '还'를 사용할 때는 주로 '在'와 함께 사용하며, '还+在+동사+(목적어)+呢'라는 형식의 문장구조를 이루고 있습니다.

Wǒ hái zài tīng yīnyuè ne.
① 我还在听音乐呢。 저는 아직 음악을 듣는 중입니다.

Wǒ hái zài xuéxí ne.
② 我还在学习呢。 저는 아직 공부를 하는 중입니다.

(2) 부정문

부정문에서는 부사 '没'를 사용합니다. '没(在)+동사' 형식으로, 부정형의 문장 끝에는 '呢'를 사용할 수 없습니다.

Wǒ méi zài kàn diànshì.

① 我没(在)看电视。 저는 텔레비전을 보고 있지 않습니다.

Wǒ méi zài shuìjiào.

② 我没(在)睡觉。 저는 잠을 자고 있지 않습니다.

*我没(在)看电视，在听音乐呢。저는 텔레비전을 보지 않고, 음악을 듣는 중입니다. 我没(在)睡觉，在学习呢。저는 자지 않고, 공부를 하는 중입니다.

(3) '과거, 현재, 미래'에 모두 사용할 수 있습니다.

Zuótiān wǒ huíjiā de shíhou, māma zhèngzài zuòfàn.

① 昨天我回家的时候，妈妈正在做饭。 어제 제가 집에 돌아왔을 때, 엄마는 마침(딱) 밥을 하고 계셨습니다. [과거]

Xiànzài wǒ zài chīfàn ne.

② 现在我在吃饭呢。 지금 저는 밥을 먹는 중입니다. [현재]

Míngtiān nǐ dào zhèr de shíhou, wǒ kěnéng zài shuìjiào.

③ 明天你到这儿的时候，我可能在睡觉。 내일 당신이 여기에 도착할 때면, 저는 아마 자고 있을 겁니다. [미래]

4. 전화번호 읽기

전화번호를 읽을 때는 정확한 전달을 위해 숫자를 끊어서 읽습니다. 또한 숫자 '1'은 'yāo'로 읽어야 합니다.

yāo sān bā yāo bā yāo qī bā yāo yāo sì.

① 13818178114。

Wǒ de diànhuà hàomǎ shì bā líng liù yāo líng jiǔ èr.

② 我的电话号码是8061092。 제 전화번호는 8061092입니다.

교환연습

1. 请 A 。 A좀 부탁드리겠습니다.

gàosu wǒ
告诉我

jìn
进

zuò
坐

hē chá
喝茶

2. 你知道 A 吗？ A를 아십니까?

tā de diànhuà hàomǎ
他的电话号码

tā de míngzi
她的名字

xiànzài jǐ diǎn
现在几点

tā shénmeshíhou huílái
他什么时候回来

3. 我正在/在 A 呢。 (마침) A하고 있습니다.

chīfàn
吃饭

xiǎng nǐ
想你

dǎ diànhuà
打电话

zhǔnbèi chūmén
准备出门

4. 我没在 A 。 A하고 있지 않습니다.

xiě zuòyè
写作业

wánr
玩儿

xǐzǎo
洗澡

shuìjiào
睡觉

제 12 과

Jīntiān tiānqì zěnmeyàng?

今天天气怎么样？

오늘 날씨는 어때요?

학습목표

- 의문대사 '怎么样'
- 정도부사 '太(太……了)'
- 조동사 '会(2)'

단어

天气	tiānqì	명 날씨
怎么样	zěnmeyàng	대 어떠하다
太	tài	부 너무, 몹시
冷	lěng	형 춥다
了	le	조 문장 끝에 붙어 말투를 부드럽게 해줌
冬天	dōngtiān	명 겨울 [春夏秋冬chūn xià qiū dōng 춘하추동]
热	rè	형 덥다
买	mǎi	동 사다 ↔ 卖 mài
衣服	yīfu	명 옷
暖和	nuǎnhuo	형 따뜻하다
圣诞节	shèngdànjié	명 크리스마스
会	huì	동 ~할 가능성이 있다, ~할 것이다
下雪	xià xuě	동 눈이 내리다
预报	yùbào	명, 동 예보(하다)
天气预报	tiānqì yùbào	명 일기 예보
说	shuō	동 말하다
外面	wàimiàn	명 바깥, 밖
下雨	xià yǔ	동 비가 내리다
风	fēng	명 바람
大	dà	형 (힘, 강도 따위가)세다

회화

회화 1 왕리가 장웨이에게 날씨를 묻고 있습니다.

Zhāngwěi, jīntiān tiānqì zěnmeyàng?
A：张伟，今天天气怎么样？

Tiānqì tài lěng le. Wǒ bú tài xǐhuan dōngtiān.
B：天气太冷了。我不太喜欢冬天。

Míngtiān ne? Míngtiān tiānqì zěnmeyàng?
A：明天呢？明天天气怎么样？

Míngtiān tiānqì hěn hǎo. Bù lěng bú rè.
B：明天天气很好。不冷不热。

Tài hǎo le.
A：太好了。

Nà wǒmen míngtiān yìqǐ qù mǎi yīfu, zěnmeyàng?
B：那我们明天一起去买衣服，怎么样？

Hǎo a!
A：好啊！

회화 2 왕리가 민준이에게 크리스마스 날씨를 묻고 있습니다.

Mǐnjùn, zuìjìn tiānqì zěnmeyàng?
A: 敏俊，最近天气怎么样？

Tiānqì hěn nuǎnhuo.
B: 天气很暖和。

Shèngdànjié huì xià xuě ma?
A: 圣诞节会下雪吗？

Tiānqì yùbào shuō huì xià xuě.
B: 天气预报说会下雪。

회화 3 마리와 안나의 참석여부에 대해서 이야기를 나누고 있습니다.

Wánglì, xiànzài wàimiàn tiānqì zěnmeyàng?
A: 王丽，现在外面天气怎么样？

Xiànzài xià yǔ. fēng yě hěn dà.
B: 现在下雨。风也很大。

Mǎlì hé Ānnà jīntiān huì lái ma?
A: 玛丽和安娜今天会来吗？

Bú huì lái, tiānqì tài lěng le.
B: 不会来，天气太冷了。

어법

1. 의문대사 '怎么样'

의문대사 '怎么样'은 '어떠하다' 라는 뜻으로, 상대방에게 상황이 어떠한지를 물어볼 때 사용합니다.

Jīntiān tiānqì zěnmeyàng?
① 今天天气怎么样？ 오늘 날씨 어때요?

Nǐ zuìjìn zěnmeyàng?
② 你最近怎么样？ 요즘 어때요? [안부인사]

Nǐ shēntǐ zěnmeyàng?
③ 你身体怎么样？ 건강 어떠세요?

2. 정도부사 '太(太……了)'

'太'는 '너무, 몹시, 매우'라는 뜻으로, 정도가 지나침을 의미하는 정도부사입니다. 주로 부정적인 의미의 형용사와 결합했지만, 요즘은 긍정적인 의미의 형용사와도 결합합니다. '太'는 문장의 말투를 부드럽게 해주는 조사 '了'와 같이 사용되는 경우가 많습니다.

Tiānqì tài lěng le.
① 天气太冷了。 날씨가 너무 추워요.

Tiānqì tài hǎo le.
② 天气太好了。 날씨가 너무 좋아요.

Yīfu tài guì le.
③ 衣服太贵了。 옷이 너무 비싸요.

*부정형인 '不太'는 '별로 ~하지 않다'라는 뜻으로, 부정형을 사용할 때는 문장 뒤에 '了'를 붙이지 않습니다.

Tiānqì bú tài lěng.
① 天气不太冷。 날씨가 별로 춥지 않아요.

Tiānqì bú tài hǎo.
② 天气不太好。 날씨가 별로 좋지 않아요.

Yīfu bú tài guì.
③ 衣服不太贵。 옷이 별로 비싸지 않아요.

3. 조동사 '会(2)'

조동사 '会'는 '~할 가능성이 있다', '~할 것이다'라는 뜻으로, 가능성이 있다는 추측의 뜻을 나타냅니다.

Shèngdànjiě huì xià xuě ma?
① 圣诞节会下雪吗？ 크리스마스에 눈이 내릴까요?

Míngtiān huì xià yǔ ma?
② 明天会下雨吗？ 내일 비가 내릴까요?

Tā jīntiān huì lái ma?
③ 她今天会来吗？ 그녀는 오늘 올까요?

*10과에 나온 '~을 할 수 있다'라는 뜻의 '能'은 조동사 '会(2)'와 유사합니다. 하지만 두 용법에도 차이점은 있습니다. '能'은 객관적 능력을 나타내고, '会'는 주관적 능력을 나타냅니다. 예를 들어 '她能来吗？'는 밤이 늦어서 차도 끊기고 도저히 올 수가 없는 객관적인 상황에서 "올 수 있을까요?"라는 뜻이고, '她会来吗？'는 평소에도 늦게 다니는 걸 싫어하는 그녀인데 이렇게 늦은 밤에 "나오려고 할까요?"라는 뜻의 주관적인 문장입니다.

교환연습

1. A 怎么样？ A 어때요?

Yìqǐ chīfàn
一起吃饭

Qù kàn diànyǐng
去看电影

Zhè jiàn yīfu
这件衣服

Tā de hànyǔ
他的汉语

2. A 太 B 了。 A가 너무 B합니다.

A	B
Yīfu 衣服	guì 贵
Xīnqíng 心情	hǎo 好
Fàn 饭	duō 多
Zuìjìn 最近	máng 忙

3. 今天天气很 A 。 오늘 날씨 아주 A합니다.

bù hǎo 不好
qínglǎng 晴朗
yīn 阴
gānzào 干燥

4. A 会 B 吗？ A가 B할 수 있습니까?

A	B
Xiāngcài 香菜	chī 吃
Nǐ 你	yóuyǒng 游泳
Nǐ 你	zuòfàn 做饭
Wǔ diǎn qián 五点前	lái 来

7과~12과 주요 어법정리

1. 연동문

두 개 이상의 동사를 연달아 사용하는 문장을 연동문이라고 합니다.

Wǒ qù chīfàn.
我去吃饭。 저는 밥을 먹으러 갑니다.

Wǒ qù shàngkè.
我去上课。 저는 수업하러 갑니다.

2. 동사'在'/개사'在'

· 동사 '在'는 '~에 있다' 라는 뜻으로, 장소명사 앞에 놓여 사람이나 사물이나 장소의 위치를 나타냅니다.

Tā zài xuéxiào.
他在学校。 그는 학교에 있습니다.

Shū zài zhuōzi shàngmiàn.
书在桌子上面。 책은 책상 위에 있습니다.

· 개사 '在'는 '~에서' 라는 뜻으로, 동작이 발생하는 장소를 나타냅니다. 문장에서 '在+장소명사+동사' 순으로 사용합니다.

Wǒ zài xuéxiào xuéxí.
我在学校学习。 저는 학교에서 공부합니다.

Wǒ zài shítáng chīfàn.
我在食堂吃饭。 저는 식당에서 밥을 먹습니다.

3. 동사'在'/'有'자문

'在'와 '有' 모두 '~에 있다'라는 뜻을 갖고 있습니다. 하지만 '在'는 '사물+在+장소'로 장소에 초점을 두고, '有'는 '장소+有+사물'로 사물에 초점을 둡니다.

Túshūguǎn zài yínháng pángbiān.
图书馆在银行旁边。 도서관은 은행 옆에 있어요.

Qiánbian yǒu xǐshǒujiān.
前边有洗手间。 앞쪽에 화장실이 있어요.

4. 조동사 '想/要'

(1) '想'은 '~하고 싶다'라는 뜻입니다. 부정형은 '不想'으로, '~하고 싶지 않다'라는 뜻입니다.

Wǒ xiǎng qù xuéxiào.
我想去学校。 저는 학교에 가고 싶습니다.

Wǒ bù xiǎng qù xuéxiào.
我不想去学校。 저는 학교에 가고 싶지 않습니다.

(2) '要'는 '~할 것이다', '~하려고 한다' 라는 뜻입니다. '要'의 부정형은 '不要'가 아니라 '不想'입니다. '不要'는 '~하지 마라' 라는 뜻의 명령형입니다.

Wǒ yào qù xuéxiào.
我要去学校。 저는 학교에 갈 것입니다. /저는 학교에 가려고 합니다.

Nǐ bú yào qù xuéxiào.
你不要去学校。 당신은 학교에 가지 마세요.

5. 조동사 '能/可以'

'能'과 '可以'는 '~할 수 있다' 라는 뜻으로, 어떤 일의 실현 가능함을 나타내는 조동사입니다. 하지만 두 용법에 약간의 차이점이 있습니다. '能'은 '~할 줄 안다'의 의미로 능력을 나타낼 때 많이 사용하고, '可以'는 주로 '~할 수 있다'의 의미로 허가를 나타낼 때 사용합니다.

(1) 능력을 나타내는 '能'

Nǐ dōu néng chī ma?
A: 你都能吃吗？ (양이 많은데) 전부 먹을 수 있어요?

Wǒ dōu néng chī.
B: 我都能吃。 전부 먹을 수 있어요.

(2) 허가를 나타내는 '可以'

Wǒ kěyǐ chángcháng ma?
A: 我可以尝尝吗？ 저 맛봐도 돼요?

kěyǐ.
B: 可以。 가능합니다.

6. 조동사 '能/会'

'能'과 '会'는 '~을 할 수 있다' 라는 뜻을 갖고 있습니다. 하지만 '能'은 어떤 상황으로 인해 불가능하다가 능력이 회복된 것이고, '会'는 배움을 통해 없던 능력이 생긴 것을 뜻합니다.

Nǐ néng zǒu lù ma?
A: 你能走路吗？ (이제 다시) 걸을 수 있어요?

Nǐ huì zǒu lù ma?
B: 你会走路吗？ (걸음마 뗀 아기에게) 걸을 수 있어?

7. 동작진행 '正在/在……呢'

'正在/在……呢'는 '~하는 중이다'라는 뜻입니다. '正在/在+동사+(목적어)+呢' 형식으로 사용하며, 문장 끝의 '呢'는 생략이 가능합니다. '正在'와 '在'는 동일한 뜻을 지니고 있지만, '正在'는 동작진행의 '상태' 및 '시간'을 중시하고, '在'는 동작진행의 '상태'를 중시합니다. 부정문에서는 부사 '没'를 사용하며, 문장 끝에는 '呢'를 사용할 수 없습니다.

Nǐ gěi wǒ dǎ diànhuà de shíhou, wǒ zhèngzài zhǔnbèi shuìjiào ne.
你给我打电话的时候，我正在准备睡觉呢。
전화했을 때 나 마침(딱) 잘 준비하고 있었어요.

Wǒ zài chīfàn ne.
我在吃饭呢。 저 밥 먹는중이에요.

Wǒ méi zài kàn diànshì.
我没(在)看电视。 저는 텔레비전을 보고 있지 않습니다.

8. 조동사 '会(2)'

조동사 '会'는 '~할 가능성이 있다', '~할 것이다'라는 뜻으로, 가능성이 있다는 추측의 뜻을 나타냅니다.

Shèngdànjiě huì xià xuě ma?
圣诞节会下雪吗？ 크리스마스에 눈이 내릴까요?

Míngtiān huì xià yǔ ma?
明天会下雨吗？ 내일 비가 내릴까요?

부록

· 본문 해석

· 단어 색인

본문 해석

1과 你好！안녕하세요!

회화 1 친구들과 인사를 합니다.

A: 안녕!

B: 안녕!

회화 2 학교에서 선생님을 만났습니다.

A: 안녕하세요!

B: 안녕!

회화 3 오랜만에 만난 친구와 안부인사를 묻습니다.

A: 잘 지냈어?

B: 아주 잘 지냈어. 너는?

A: 나도 아주 잘 지냈어.

회화 4 친구와 헤어지는 인사를 합니다.

A: 잘가.

B: 또 만나.

2과 我是韩国人。저는 한국인입니다.

회화 1 처음 만나 서로의 국적을 묻습니다.

A: 당신은 한국인입니까?

B: 네, 저는 한국인입니다. 당신도 한국인입니까?

A: 네, 저도 한국인입니다.

회화 2 친구와 장웨이와 리우팅의 국적을 이야기합니다.

A: 그는 어느 나라 사람입니까?

B: 그는 중국인입니다. 그녀는요?

A: 오! 그녀도 중국인입니다.

회화 3 마리에게 국적을 묻습니다.

A: 마리, 당신은 중국인입니까?

B: 저는 중국인이 아닙니다, 저는 미국인입니다.

회화 4 친구에게 마리의 직업을 묻습니다.

A: 그녀는 누구입니까? 그녀는 선생님입니까?

B: 그녀는 제 친구입니다. 그녀는 선생님이 아니라 학생입니다.

3과 你叫什么名字？ 당신의 이름은 무엇입니까?

회화 1 장웨이와 왕리가 처음 만나 서로의 이름을 묻습니다.

A: 당신은 이름이 뭐예요?

B: 저는 왕리라고 해요. 당신은 이름이 뭐예요?

A: 저는 장웨이예요.

회화 2 왕리가 장웨이와 함께 있는 민준이 누군지 묻습니다.

A: 장웨이, 그는 누구예요?

B: 그는 제 친구예요. 그는 민준이라고 해요.

회화 3 민준과 왕리가 반갑다고 인사를 나눕니다.

A: 안녕하세요, 저는 민준이라고 해요.

B: 안녕하세요, 저는 왕리라고 해요.

A: 만나서 매우 반가워요.

B: 저도 만나서 매우 반가워요.

회화 4 장웨이가 리우선생님의 성함을 묻습니다.

A: 선생님, 성함이 어떻게 되세요?

B: 제 성은 리우(刘)이고, 리우팅팅(刘婷婷)이라고 해요.

4과 这是什么？ 이것은 무엇입니까?

회화 1 민준이가 장웨이에게 물건을 가리키며 묻고 있습니다.

A: 이건 뭐야?

B: 이건 내 책이야.

A: 저건 뭐야?

B: 저건 내 우산이야.

회화 2 왕리가 멀리서 다가오며 가방에 대해 묻고 있습니다

A: 그건 뭐야?

B: 이건 내 책가방이야.

A: 아주 예쁘네.

회화 3 장웨이가 민준에게 누구의 물건인지 묻고 있습니다.

A: 이건 누구 핸드폰이야?

B: 내 핸드폰이야.

A: 이 컴퓨터도 네 꺼야?

B: 내것이 아니야. 그건 우리 형꺼야.

5과 你家有几口人？ 가족이 몇 명이에요?

회화 1 민준이와 장웨이가 서로 가족이 몇 명인지 묻고 있습니다.

A: 너희 가족은 몇명이야?

B: 네 명이야. 아빠, 엄마, 누나 그리고 나야. 너는?

A: 다섯 명이야. 아빠, 엄마, 형, 여동생 그리고 나야.

회화 2 왕리에게 오빠가 있는지 묻고 있습니다.

A: 너 오빠 있어?

B: 나 오빠는 없고, 남동생 한 명이 있어.

A: 네 남동생은 몇 살이야?

B: 7살이야.

회화 3 마리에게 몇 명의 언니가 있는지 묻고 있습니다.

A: 너 언니 몇 명 있어?

B: 나 언니 한 명 있어.

A: 너희 언니 몇 살이야?

B: 우리 언니 23살이야.

6과 今天几月几号？오늘은 몇 월 며칠입니까?

회화 1 민준과 왕리가 오늘날짜에 대해서 이야기 나누고 있습니다.

A: 오늘 몇 월 며칠이에요?

B: 오늘 2월 27일이에요.

A: 오늘 무슨 요일이에요?

B: 금요일이에요.

회화 2 민준과 왕리가 어제와 내일 날짜에 대해서 이야기 나누고 있습니다.

A: 어제 몇 월 며칠 무슨요일이였어요?

B: 어제 2월 26일 목요일이였어요.

A: 내일은요?

B: 내일은 2월 28일 토요일이에요.

회화 3 민준이가 날짜를 몰라 왕리에게 묻고 있습니다.

A: 오늘 2월 26일이지요?

B: 오늘은 2월 26일이 아니에요.

A: 당신의 생일은 2월 28일이지요?

B: 저의 생일은 2월 28일이 아니에요.

회화 4 민준이가 왕리에게 같이 밥을 먹자고 합니다.

A: 2월 27일에 시간 있어요?

B: 27일이 무슨요일이에요?

A: 금요일이에요.

B: 시간 있어요.

A: 그럼 우리 같이 밥 먹어요.

B: 좋아요.

7과 现在几点？지금 몇 시예요?

회화 1 장웨이와 엄마가 아침 대화를 나눕니다.

A: 엄마, 지금 몇 시예요?

B: 지금 8시 30분이야. 너 오늘 수업 있어?

A: 있어요.

B: 몇 시에 수업해?

A: 8시요.

B: 맙소사! 빨리 일어나.

A: 네, 네.

회화 2 장웨이가 왕리에게 점심을 먹으러 가자고 합니다.

A: 지금 몇 시야?

B: 곧 11시반이야.

A: 너 점심 몇 시에 먹을거야?

B: 12시에 먹을거야.

A: 너 오늘 시간 있어?

B: 시간 있어.

A: 그럼 우리 같이 밥 먹자.

B: 그래.

8과 手机在哪儿？ 핸드폰은 어디에 있어요?

회화 1 왕리와 마리와 민준이가 장웨이에게 물건을 찾습니다.

A: 장웨이, 내 책가방 어디에 있어?

B: 네 책가방 책상 위에 있어.

A: 장웨이, 내 펜 어디에 있어?

B: 네 펜 의자 아래에 있어.

A: 장웨이, 내 책 어디에 있어?

B: 네 책 네 옆에 있어.

A: 장웨이, 내 핸드폰 어디에 있어?

B: 네 핸드폰 네 손 안에 있어.

회화 2 민준이가 지나가는 사람에게 도서관의 위치를 묻습니다.

A: 말씀 좀 묻겠습니다. 도서관 어디에 있나요?

B: 도서관은 은행 옆에 있습니다.

A: 멉니까?

B: 멀지 않습니다. 10분정도 걸으면 곧 도착합니다.

A: 감사합니다.

B: 별말씀을요.

회화 3 장웨이가 마리에게 민준이가 어디에 있는지 묻습니다.

A: 민준이 학교에 있어?

B: 민준이 학교에 없어.

A: 민준이 어디에 있어?

B: 민준이 도서관에 있어.

9과 周末做什么？ 주말에 뭐해요?

회화 1 왕리와 마리가 약속을 잡고 있습니다.

A: 왕리, 너 내일 뭐해?

B: 내일 나 학교에 가.

A: 학교에 가서 뭐해?

B: 학교에 가서 공부해.

A: 주말에는 뭐해?

B: 주말에 친구랑 같이 커피숍에 가서 커피 마셔.

A: 나랑 같이 가자.

B: 좋아. 주말에 우리 학교 입구에서 만나자.

A: 그래, 주말에 보자.

회화 2 장웨이와 민준이가 전화통화를 합니다.

A: 민준, 너 지금 뭐해?

B: 나 지금 집에서 중국요리 만들어.

A: 너 중국요리 만들 줄 알아?

B: 나 중국요리 만들 줄 알아. 너는 지금 뭐해?

A: 나 공원에 있어.

B: 공원에서 뭐해?

A: 나 친구랑 같이 배드민턴 치고 있어.

B: 너 배드민턴 칠줄 알아?

A: 엄청 잘 쳐.

10과 你想吃什么？ 무엇을 먹고 싶습니까?

회화 1 장웨이와 민준이가 중국식당에 왔습니다.

A: 민준, 뭐 먹고 싶어?

B: 나 새콤하고, 단거 먹고 싶어.

A: 너 동북요리 좋아해?

B: 좋아해.

A: 그럼 우리 꿔바러우랑 위샹러우스 주문하자.

B: 좋아. 나 그리고 띠산시엔도 먹고 싶어.

A: 너 다 먹을 수 있어?

B: 다 먹을 수 있어.

회화 2 장웨이가 종업원에게 주문을 합니다.

A: 여기요! 주문할게요!

꿔바러우 하나랑 위샹러우스랑 띠산시엔 하나 주세요.

B: 더 필요한 거 있으세요?

A: 또 밥 두 그릇 주세요.

B: 음료수는 어떤 거로 하시겠어요?

A: 콜라 한 병 주세요.

B: 알겠습니다.

회화 3 장웨이와 민준이가 식사를 마치고 계산을 합니다.

A: 여기요, 얼마예요?

C: 모두 인민폐 88원입니다.

A: 신용카드 사용 가능해요?

C: 가능합니다.

B: 장웨이, 이 집 정말 전부 맛있다.

A: 그렇지? 맛있고 저렴해.

11과 请告诉我电话号码。전화번호 좀 알려주세요.

회화 1 민준이가 왕리에게 안나의 전화번호를 묻고 있습니다.

A: 왕리, 너 안나 전화번호 알아?

B: 알아.

A: 안나 전화번호 좀 알려줘.

B: 안나의 전화번호는 13818178114이야.

A: 고마워. 지금 전화해 볼게.

B: 안나 지금 수업 중이니까 저녁에 걸어봐.

A: 응, 알겠어.

회화 2 민준이가 전화를 잘못 걸었습니다.

A: 여보세요! 안녕하세요. 안나 있어요?

B: 잘못 거셨어요.

A: 13818178114 아니에요?

B: 13818178114 아니고, 13636629747입니다.

A: 죄송합니다.

B: 괜찮습니다.

회화 3 민준이가 안나에게 전화를 걸었습니다.

A: 여보세요! 안녕하세요.

B: 안녕하세요. 누구세요?

A: 안나, 나 민준이야. 지금 통화 편해?

B: 편해.

A: 뭐 하고 있었어?

B: 나 책 보고 있었어. 너는?

A: 나는 텔레비전 보고 있었어. 마리도 책 보고 있어?

B: 마리는 책 안 보고 있어, 아직 씻고 있는 중이야.

12과 今天天气怎么样？ 오늘 날씨는 어때요?

회화 1 왕리가 장웨이에게 날씨를 묻고 있습니다.

A: 장웨이, 오늘 날씨 어때?

B: 오늘 엄청 추워. 난 겨울이 별로야.

A: 내일은? 내일 날씨는 어때?

B: 내일은 날씨 매우 좋대. 춥지도 않고 덥지도 않대.

A: 너무 좋다.

B: 그럼 우리 내일 같이 옷 사러 가는 거 어때?

A: 좋아!

회화 2 왕리가 민준이에게 크리스마스 날씨를 묻고 있습니다.

A: 민준, 최근 날씨 어때?

B: 날씨 엄청 따뜻해.

A: 크리스마스에 눈이 올까?

B: 일기예보에서 말하길 눈이 올거래.

회화 3 마리와 안나의 참석여부에 대해서 이야기를 나누고 있습니다.

A: 왕리, 지금 바깥 날씨 어때?

B: 지금 비 와. 바람도 엄청 강해

A: 마리랑 안나가 오늘 올까?

B: 날씨가 너무 추워서 안 올 것 같아.

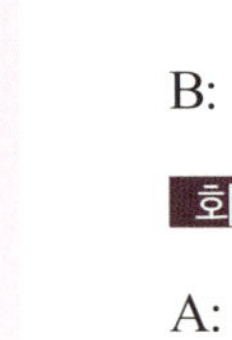

단어 색인

F

饭 fàn 밥 (7)

方便 fāngbiàn 편리하다 (11)

房间 fángjiān 방 (8)

风 fēng 바람 (12)

分种 fēnzhōng 분 (8)

服务员 fúwùyuán 종업원 (10)

G

干燥 gānzào 건조하다 (12)

高 gāo (키가)크다 (10)

告诉 gàosu 알리다, 말하다 (11)

高兴 gāoxìng 기쁘다 (3)

个 gè 명, 개 [사람이나 사물을 세는 양사로, 명사 또는 대명사와 결합하면 경성으로 읽음] (4)

哥哥 gēge 형, 오빠 (5)

给 gěi 주다 (11)

跟 gēn ~와 (9)

公园 gōngyuán 공원 (7)

公司 gōngsī 회사 (7)

工作 gōngzuò 일(하다) (7)

狗 gǒu 개 (5)

贵 guì 귀하다 (3)

国 guó 나라 (2)

锅包肉 guōbāoròu 꿔바러우 (10)

H

还 hái 또, 더 (10)

孩子hǎizi 아이 (5)

韩国人 Hánguó rén 한국인 (2)

汉语 hànyǔ 중국어 (9)

汉字 hànzì 한자 (9)

号 hào 일 (6)

好 hǎo 좋다 (1)

好吃 hǎochī 맛있다 (10)

好喝 hǎohē (음료수, 탕 종류) 맛있다 (10)

好看 hǎokàn 보기 좋다, (책, 영화 등이) 재미있다 (4)

号码 hàomǎ 번호 (11)

好听 hǎotīng (노래, 목소리) 듣기 좋다 (10)

和 hé ~와, 그리고 (5)

喝 hē 마시다 (9)

很 hěn 매우, 아주 (1)

后年 hòunián 내후년 (6)

后天 hòutiān 모레 (6)

会 huì ~할 수 있다, ~할 것이다 (9)

回家 huíjiā 집에 돌아가다 (6)

J

几 jǐ 몇 (5)

家 jiā 집 (5)

家 jiā 가정, 가게, 기업 따위를 세는 단위 (10)

见 jiàn 만나다, 보다 (9)

见面 jiànmiàn 만나다, 대면하다 (9)

叫 jiào ~라고 부르다 (3)

教室 jiàoshì 교실 (8)

近 jìn 가깝다 (8)

进 jìn 들어오다 (11)

今年 jīnnián 올해 (6)

今天 jīntiān 오늘 (6)

就 jiù 바로, 곧 (8)

K

口 kǒu 식구, 명 [식구를 세는 양사] (5)

课 kè 수업 (7)

快 kuài 빨리 (7)

快…了 kuài…le 곧~이 된다 (7)

咖啡厅 kāfēitīng 커피숍 (9)

可乐 kělè 콜라 (10)

块 kuài 위안 [중국 화폐 단위] (10)

可以 kěyǐ ~할 수 있다 (10)

困 kùn 졸리다 (10)

看 kàn 보다 (11)

哭 kū 울다 (12)

L

老师 lǎoshī 선생님 (1)

留学生 liúxuéshēng 유학생 (2)

里 lǐ 안, 속, 내부 (8)

什么时候 shénmeshíhou 언제 (11)
是 shì ~이다. 네, 맞습니다 (2)
身体 shēntǐ 몸 (12)
时间 shíjiān 시간 (7)
试(一)试 shì (yi) shì (옷을)입어보다 (10)
食堂 shítáng 식당 (9)
手机 shǒujī 핸드폰 (4)
书 shū 책 (4)
手 shǒu 손 (8)
帅 shuài 잘생기다 (10)
书包 shūbāo 책가방 (4)
睡觉 shuìjiào 잠자다 (11)
说 shuō 말하다 (12)
酸 suàn (맛이)시다 (10)
岁 suì 살 [나이를 세는 단위] (5)

T

太 tài 너무, 몹시 (12)
天阿 tiān a 세상에, 맙소사 (7)
天气 tiānqì 날씨 (12)

W

外边/外面 wàibian/wàimiàn 바깥쪽 (8)
外面 wàimiàn 바깥, 밖 (12)
碗 wǎn 그릇 (10)
玩儿 wánr 놀다 (11)
晚上 wǎnshang 저녁 (11)
我 wǒ 나 (1)

X

下班 xiàbān 퇴근하다 (7)
下边/下面 xiàbian/xiàmiàn 아래쪽 (8)
下次 xiàcì 다음 (1)
下个月 xià ge yuè 다음달 (6)
下面 xiàmiàn 아래, 밑 (8)
想 xiǎng ~하고싶다 (10)
香菜 xiāngcài (중국 채소)고수 (12)
现金 xiànjīn 현금 (10)
现在 xiànzài 지금, 현재 (7)
小时 xiǎoshí 시간 (7)
下午 xiàwǔ 오후 (7)
下下个月 xià xià ge yuè 다다음달 (6)
下雪 xià xuě 눈이 내리다 (12)
下雨 xià yǔ 비가 내리다 (12)
下周 xiàzhōu 다음주 (1)
西边 xībian 서쪽 (8)
写 xiě 쓰다 (9)
写作业 xiě zuòyè 숙제하다 (11)
喜欢 xǐhuan 좋아하다 (10)
姓 xìng 성이~이다, ~을 성으로 하다 (3)
星期 xīngqī 주, 요일 (6)
星期几 xīngqī jǐ 무슨 요일 (6)
心情 xīnqíng 마음 (12)
信用卡 xìnyòngkǎ 신용카드 (10)
洗手间 xǐshǒujiān 화장실 (8)
洗澡 xǐzǎo 목욕하다, 씻다 (11)
学生 xuéshēng 학생 (2)
学习 xuéxí 학습(하다), 공부(하다) (6)
学校 xuéxiào 학교 (7)

Y

要 yào 원하다, 필요하다 (10)
也 yě ~도 (1)
一 yī [숫] 하나, 1 (5)
衣服 yīfu 옷 (4)
阴 yīn (날씨가)흐리다 (12)
银行 yínháng 은행 (8)
音乐 yīnyuè 음악 (11)
一共 yígòng 모두 (10)
一杯 yì bēi 한 잔 (5)
一本 yì běn 한 권 (5)
一朵 yì duǒ 한 송이 (5)
一棵 yì kē 한 그루 (5)
一个人 yí ge rén 사람 한 명 (5)
一个书包 yí ge shūbāo 가방 한 개 (5)
一起 yìqǐ 같이, 함께 (6)
一件 yí jiàn 한 벌 (5)
一瓶 yì píng 한 병 (5)

Z

박경진

중국 흑룡강대학교 중국어문학과 학사
중국 흑룡강대학교 중국어국제교육학과 석사
중국 흑룡강대학교 중국어문자학과 박사
전) 중국 흑룡강외국어대학교 외국인교수
전) 중국 하얼빈직업기술대학교 외래교수
전) 백석예술대학교 중국어학과 외래교수
현) 유원대학교 중국어학과 외래교수
현) 김포대학교 중국어학과 외래교수
현) 차의과학대학교 중국어학과 외래교수

논문 『新汉语水平考试真题集』(HSK5级)
『中韩思想文化传播历史概述』
『汉韩语言接触研究』
저서 《한한어언접촉연구》(2019, 신아사)

한 권으로 끝내주는 기초 속성 중국어

초판 1쇄 발행 _ 2022년 2월 4일

저　자 · 박 경 진
발행인 · 정 현 걸
발　행 · 신 아 사
인　쇄 · 토탈프로세스
주　소 · 서울특별시 은평구 통일로 59길 4 (2F)
전　화 · (02) 382-6411 팩스 · (02) 382-6401
홈페이지 · www.shinasa.co.kr
E-mail · shinasa@daum.net
출판등록 · 1956년 1월 5일 (제 9-52호)

ISBN 979-11-91158-82-3 (93720)

정가 17,000 원